健康スポーツ科学

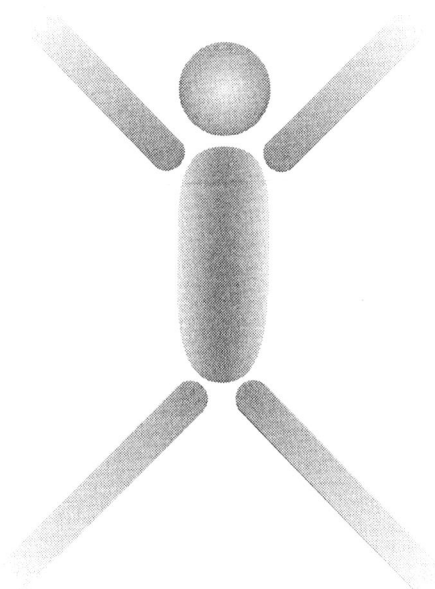

黒川隆志・山﨑昌廣・綱分憲明・村木里志 共著

技報堂出版

著　者

黒川隆志　広島大学教育学部健康スポーツ学講座 教授（第2章）

山﨑昌廣　広島大学総合科学部健康科学教室 助教授（第1章）

綱分憲明　県立長崎シーボルト大学看護栄養学部栄養健康学科 教授（第3章3.1, 3.2）

村木里志　県立長崎シーボルト大学看護栄養学部栄養健康学科 講師（第3章3.3, 3.4）

序

　大学で従来行われていた保健体育理論の講義は，多くの大学で「健康科学」と「スポーツ科学」の二つをキーワードとする授業科目に変わってきている．これは，現代社会が健康科学を必要としていると同時に，運動・スポーツを通して健康を維持・増進したいという要求からきているものと思われる．
　もちろん，スポーツは健康のためだけにするわけではない．大学の体育会に所属する学生は，競技に勝利することを目標にトレーニングを積んでいる．ここではスポーツ科学を正しく理解することが不可欠である．トレーニング理論，有酸素能力や無酸素能力の向上，スキルの獲得など強くなるための知識はもちろんのこと，スポーツを行っている者にとって避けることができないスポーツ外傷およびスポーツ障害などの知識も必要となってくる．
　さらに，健康スポーツ科学を学ぶ者は，運動やスポーツの生体に対する効果についての理解が要求される．運動・スポーツの健康に対する効果については広く認められているが，必ずしも正しく理解されているわけではない．生活習慣病予防のためのスポーツ，何らかの疾病のある人のスポーツ，あるいは高齢者のスポーツなどを実践する際には，スポーツ科学に加えて運動処方の知識が重要となってくる．
　本書は，大学，短大，専門学校などの教養教育課程あるいは専門教育課程において，健康スポーツ科学を学ぼうとしている学生のための教科書あるいは副読本として執筆された．対象者は，教養教育課程の学生および体育学部，生活科学部，看護学部等の専門の学生である．通常，大学の講義は 15 回（90〜100 分/回）から構成されていて，そのうち最後の講義のときは試験をする場合が多い．そこで，本書は 14 回の講義を念頭において編集された．健康スポーツ科学に関する基本的なことは本書から得ることができると思われるが，補足および詳細な説明などは講義のなかで提供されるはずである．
　本書は三つの章から構成されている．第 1 章は健康科学を中心とした内容となっていて，健康を維持・増進させるのに必要な基本的知識を培うことを目的と

したものである．また，スポーツは身体にとって良い効果だけを有しているわけではない．スポーツの身体への弊害についての理解を深めるようにした．第2章はスポーツ科学に関する内容となっていて，身体をたくましく鍛え，激しいスポーツにも耐えうる身体づくりができるような知識を養うことを目的とした．競技スポーツに取り組んでいる学生にとっては役に立つはずである．第3章は健康と運動・スポーツの関連に重点をおいて記述した．特に，健康維持・増進や疾病と運動・スポーツの関係について詳述した．上記の3章の構成により，現代社会においてスポーツを効果的に実践する，あるいは指導するうえで必要な知識を網羅できるよう配慮した．

　本書ではできるだけ新しい知見を記述するよう心がけたが，科学の研究は日進月歩であって，新たな発見・解釈が次から次へと生み出されている．健康スポーツ科学の分野も例外ではない．健康スポーツ科学のなかのいずれかの分野に興味をもった学生がいたならば，その最新論文や専門書等を参考にしてさらに理解を深めてほしい．

　最後に，本書刊行に際し，技報堂出版の宮本佳世子氏には大変お世話になった．著者らの遅筆のために随分とご迷惑をおかけしたことをお詫びするとともに，心からの謝意を申し上げたい．

2000年6月

著者代表　黒　川　隆　志

目　　次

第1章　健やかに生きるために

- 1.1 **生体リズムと健康**　*3*
  - (1) サーカディアンリズム　*3*
  - (2) 睡眠と覚醒　*5*
  - (3) 生体リズム障害　*6*
  - (4) 時差ボケ　*8*
  - (5) ウルトラディアンリズム　*10*
- 1.2 **栄養と健康**　*12*
  - (1) 食物の成分と栄養素　*13*
  - (2) 糖質　*14*
  - (3) タンパク質　*16*
  - (4) 脂質　*17*
  - (5) ビタミン　*18*
  - (6) 無機質　*19*
  - (7) 栄養と運動　*20*
- 1.3 **肥満と健康**　*22*
  - (1) 肥満とは　*22*
  - (2) 肥満の判定　*22*
  - (3) 肥満の原因　*25*
  - (4) 肥満と生活習慣病　*26*
  - (5) 減量と食事療法　*27*
  - (6) 運動による減量　*29*

目　次

1.4　活性酸素と健康　*31*
　　(1)　活性酸素とは　*32*
　　(2)　活性酸素による障害　*34*
　　(3)　活性酸素に対する防御機構　*36*
　　(4)　スポーツと活性酸素　*38*
1.5　スポーツと健康　*40*
　　(1)　スポーツの生理・心理的効果　*41*
　　(2)　スポーツ外傷・障害　*43*
　　(3)　スポーツ中の熱中症　*46*
　　(4)　スポーツ中の突然死　*48*

第2章　たくましく生きるために

2.1　スポーツとエネルギー　*55*
　　(1)　現代生活におけるスポーツの意義　*55*
　　(2)　スポーツ成績の決定要因　*56*
　　(3)　エネルギー供給機構　*58*
　　(4)　有酸素能力の指標　*60*
　　(5)　無酸素能力の指標　*65*
　　(6)　エネルギー供給能力の発達・性差・民族差　*66*
2.2　トレーニングの進め方　*68*
　　(1)　トレーニングへの手順　*68*
　　(2)　体力の測定　*69*
　　(3)　トレーニングの原則　*71*
　　(4)　トレーニングの分類　*74*
　　(5)　トレーニング処方の条件　*75*
2.3　有酸素能力　*80*
　　(1)　持続トレーニングとインターバルトレーニング　*80*

  (2) $\dot{V}_{O_2 max}$ の制限因子に注目したトレーニング *84*

  (3) $\dot{V}_{O_2 max}$ のトレーニングの具体例 *87*

  (4) AT のトレーニングの具体例 *88*

  (5) 心拍数による各種運動の運動強度 *90*

  (6) 持久性トレーニングの効果 *90*

2.4 **無酸素能力** *91*

  (1) レペティショントレーニングとスピードトレーニング *91*

  (2) 筋力トレーニング *95*

  (3) サーキットトレーニング *102*

  (4) スポーツ種目と体力 *103*

2.5 **スポーツとスキル** *105*

  (1) スキルとは *105*

  (2) 神経系による身体運動の調節 *107*

  (3) 巧みな運動の種類 *111*

  (4) スキルの練習 *113*

第3章 健康で長生きするために

3.1 **生活習慣病予防と運動・スポーツ** *119*

  (1) 生活習慣病とは *119*

  (2) 生活習慣病の受療率と死亡率 *120*

  (3) 学生のライフスタイルと健康習慣の確立 *121*

  (4) 高脂血症と運動・スポーツ *122*

  (5) 虚血性心疾患と運動・スポーツ *124*

  (6) 高血圧と運動・スポーツ *126*

  (7) 糖尿病と運動・スポーツ *127*

  (8) 骨粗鬆症と運動・スポーツ *129*

3.2 **加齢とスポーツ** *130*

目次

  (1) 青少年期の発育発達の特徴 *130*
  (2) 身体発達とスポーツ *134*
  (3) 中高年期の身体機能と体力 *138*
  (4) 中高年期のスポーツ *140*
3.3 **運動処方の作成** *142*
  (1) 運動処方の考え方 *142*
  (2) 運動処方の自由度 *143*
  (3) 運動処方の手順 *143*
  (4) 運動処方の内容 *145*
  (5) 運動・スポーツ種目 *145*
  (6) 運動強度 *148*
  (7) 運動量 *150*
  (8) コンディショニング *151*
  (9) 運動処方のガイドライン *151*
3.4 **健康づくりの運動の実践** *153*
  (1) 運動実施の注意事項 *153*
  (2) 各種運動の実施方法 *155*

索引 *161*

第 1 章 健やかに生きるために

健やかに生きていくためには，規則正しい生活を送りながら，適度の運動を行うことが必要である．

第1章　概説

　人間の一生のなかで20歳前後は最も体力的に優れている時期である．そのために，健康に留意した生活を送ることは，中高年と比較すると少ないと思われる．しかし，若いときの無理が中高年になったときに影響することから，健康的な生活習慣は若いときから身につけるべきである．本章では健康を保つための知識として，特に重要だと思われる生体リズム，栄養，肥満，活性酸素およびスポーツをとりあげた．

　不規則な生活を送りがちになる学生にとって，生体リズムに関する知識は不可欠であろう．また，一人暮らしで自炊生活者が多い学生には，栄養学の知識も必要となってくる．肥満は生活習慣病とのかかわりが深く，若いときから肥満にならないように気をつけなければならない．さらに，最近注目されている活性酸素は万病の元といわれているように，多くの疾病が活性酸素から説明されるようになった．スポーツは健康維持や体力増強にとって有意義である．しかし，スポーツをすることにより，逆に不健康になることもある．スポーツによる障害についても理解しておくべきである．

　本章で記述したこれらの項目は健康を保つうえで非常に重要な事柄であり，大学生の健康学の基礎的知識として必要である．

1.1 生体リズムと健康

地球上の生物の機能や活動にはいろいろなリズムがある．心臓の鼓動や呼吸などの短い周期のリズムもあれば，体温調節機能など四季に対応した1年周期のリズムも観察される．表1.1は生物リズムの種類を示したものである．生物リズムは周期の長さによって大きく3種類に分けられている．約24時間の周期であるサーカディアンリズム，これより短い周期のウルトラディアンリズム，および長い周期のインフラディアンリズムである．このような多くの生物リズムのなかで，日常生活と密接に関係しているのが，地球の自転によって生じる約24時間を周期としたサーカディアンリズムである．ヒトに限らず地球上の生物は，このリズムに対応した生理的・行動的リズムを有しているのである．健康な生活を送るためには，サーカディアンリズムを乱すことなく規則正しい生活を送ることが重要である．

表1.1 生物リズムの種類

リズムの種類		周期の長さ
ultradian rhythm	ウルトラディアンリズム	20時間以下
circadian rhythm	サーカディアンリズム	20〜28時間
infradian rhythm	インフラディアンリズム	28時間以上
circaseptan rhythm	サーカセプタンリズム	7±3日
circatrigintan rhythm	サーカトリジンタンリズム	30±7日
circannual rhythm	サーカニュアルリズム	1年±2月

(1) サーカディアンリズム

地球における多くの環境要因は1日の周期で変化している．これは地球の自転に対応したもので，明暗，温度，湿度などいずれも1日の周期で変化している．生物においても1日のリズムは明確に現れている．昼行性の動物は夜になると眠り，朝になると起きて活動を始める．もちろん，夜行性の動物であるネズミ，ゴキブリなどは夜になると活動し始める．このような行動だけでなく，身体の内部でも1日周期で変化が起こっている．体温，内分泌器官，循環機能など数えあげるときりがないほどである．

第 1 章 健やかに生きるために

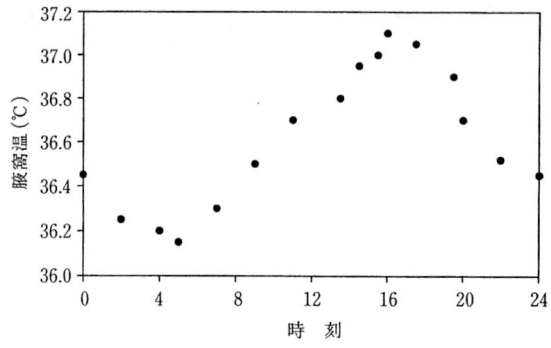

図 1.1 体温のサーカディアンリズム

このような約 24 時間のリズムのことをサーカディアンリズム (circadian rhythm) という．この言葉は 1959 年に Halberg によって提唱されたもので，ラテン語の circa (約) と dies (1 日) から作られた単語である．現在では，circadian rhythm は英語の辞書にも掲載されるようになっている．

図 1.1 はサーカディアンリズムの例として腋窩温の日内変動を示したものである．ヒトの体温は明け方最低を示し，午後から夕方にかけて最大となり，図のようにコサイン曲線に似た変動パターンを示す．体温の 1 日における最大と最小の差は約 1 ℃ にも及ぶ．したがって，体温を測定する場合，1 日のどの時間帯で測定したかが重要になってくる．体温に限らず，他の生体機能は約 24 時間のリズムを呈するのである．ただし，ある機能が最大となる時間帯を頂点位相というが，この頂点位相は機能によって異なっており，必ずしも午後にそのピークがくるわけではない．

サーカディアンリズムは，地球の自転に伴う明暗周期に同調しているために獲得された機能であると考えられる．しかしながら，生物のリズムはサーカディアンリズムつまり約 1 日のリズムであって，ちょうど 24 時間ではない．ラットを常に明るい環境下あるいは暗い環境下で飼い続けると，同調すべき明暗リズムがないのでラットは勝手に活動を始める．そのリズムは活動と休息のリズムがランダムになるのではなく，24 時間より短いリズムあるいは長いリズムで規則正しく活動するのである．明暗周期に関係がないこのリズムを自由継続周期 (free running rhythm) という．

ドイツのマックス・プランク行動生理学研究所のAschoff博士は，ヒトを使って自由継続周期の研究を行った[1]．この実験では地球の自転による明暗周期はもちろんのこと，時間を悟らせるようなあらゆる変化に対し外界から完全に隔離する必要がある．そこで，Aschoff博士は地階の隔離室に生活できる部屋を設け，そこで被験者に日常の生活を送らせたのである．日常生活との違いはただ一つ，時計がないことである．この隔離室で年齢19歳から48歳までの男女8名が生活した．その結果，目覚めの周期および就眠の周期とも全員24時間より長く，24.7時間から26時間だったのである．その他，体温，尿量，尿中のナトリウム，カリウム，カルシウムの量の日内リズムについても約25時間の周期であった．このように，ヒトを時計のない環境で生活させても，ヒトはほぼ24時間に近いリズムで活動していることが明らかになった．ただし，ヒトの本来のサーカディアンリズムの周期は約25時間であって，それを地球の自転に合わせて24時間に調整しているのである．

(2) 睡眠と覚醒

規則正しい生活を送るうえで，睡眠と覚醒のリズムは最も重要な要因の一つである．十分な睡眠がとれると，疲労の回復も早く，翌日への英気を養うことができる．逆に，睡眠不足になると，疲労が蓄積し活力が失われることもある．十分に快適な睡眠をとるように心がけることが肝要である．

正常成人の睡眠時間は7～8時間である．この間，ヒトの睡眠状態は時々刻々と変化している．睡眠状態は，まずREM睡眠とNREM睡眠に分けられる．REM睡眠は脳波的には浅い睡眠に似た低振幅パターンで，急速眼球運動(rapid eye movement)が出現し，身体の姿勢を保持する抗重力筋の筋緊張低下を特徴としている．一方，REM睡眠以外はNREM睡眠と呼ばれており，脳波の特徴から四段階に分類されている．第一段階は2～7Hzの比較的低振幅な波が優勢であり，この時期はうとうととして目を覚ましやすい状態である．第二段階では寝息をたてて浅い眠りに入った段階で，睡眠紡錘と呼ばれている脳波が出現する．第三段階は眠りがさらに深くなった状態で，2Hz以下で高振幅な脳波が優勢となり，このような波が20％以上50％以下を占めている状態である．第四段階では高振幅徐波が50％以上を占めるようになる．

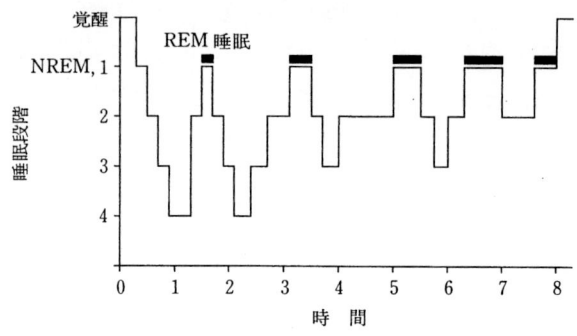

図 1.2 成人の一夜の睡眠段階経過図

　図 1.2 は成人の一夜の睡眠段階を時間経過に伴い示したものである．睡眠は NREM 睡眠である第一段階から第四段階まで順に進み，約 90 分後に REM 睡眠が出現する．その後，再び NREM 睡眠が続いた後に REM 睡眠期というリズムを繰り返し，この繰り返しパターンは一夜に 4～5 回起こるのである．NREM 睡眠と REM 睡眠の周期は睡眠サイクル (sleep cycle) と呼ばれており，この周期は約 90 分である．つまり，成人の睡眠は約 90 分の周期をもったウルトラディアンリズムで成り立っていることになる．睡眠にはこのような質的な問題があるために，睡眠時間を十分とったとしても睡眠不足を感じるときがある．特に，REM 睡眠を人為的になくすと，身体の疲労がとれず，イライラしたり，不安になったり，あるいは怒りやすくなったりする．

(3) 生体リズム障害

　夜間勤務がある人を除くと，ほとんどの人は夜寝て日中活動するというサーカディアンリズムがある．この昼夜のリズムが乱れると，睡眠すべき時間帯に不眠が起こり，活動すべき時間帯に強い眠気や居眠りをするようになり，社会生活に支障が生じる場合がある．

　サーカディアンリズムの障害に起因する睡眠障害は，大きく二つに分けることができる．一つは一過性のもので，海外旅行などで経験する時差ボケ (非同期症候群) や交替制勤務による睡眠障害である．これらの睡眠障害は時間経過とともに解消することができる．他の一つは持続性のもので，睡眠相遅延症候群，睡眠

相前進症候群，非24時間睡眠・覚醒症候群などがある．サーカディアンリズムを制御している生物時計のありかは，高等動物では視床下部にある視交叉上核であることが明らかにされている．ヒトではその部位は特定されていないが，視床下部にあることは間違いないようである．持続性のある睡眠障害を有している人は，この生物時計あるいは生物時計を中心とした調節機構が何らかの障害を受けていることが考えられている．

最近，持続性の睡眠障害に類似した生体リズム障害が育ち盛りの子供たちに多いことが報告されている．この子供たちは生体リズム障害のために，自分の意志に反して昼夜逆転の生活を余儀なくされているのである．朝起きるべき時間に起きることができなくなり，その結果不登校となる例が多いことも指摘されている．この障害は，夜に眠れなくなるためにフクロウ症候群とも呼ばれている[2]．

現代社会は照明のために夜でも明るく，一晩中明々とした町も出現している．さらに，テレビやラジオは一晩中放送しており，オールナイトで営業している店舗も少なくない．このような生活環境のもとでは子供でなくても，誰もが昼夜逆転の生活を送りやすくなっている．しかし，多くの人は昼夜逆転の生活を送っても生物時計が狂ったわけではなく，フクロウ症候群というよりもむしろフクロウ型生活を送っているにすぎないのである．

フクロウ型症候群になると，覚醒睡眠のリズムだけでなく，体温や内分泌などのリズムがばらばらになり，それぞれが勝手に暴走してしまうのである．つまり，生物時計自体あるいはその調節機構に異常があると考えられている．朝起きることができないために，不登校の原因ともなっている．フクロウ症候群の子供たちの症状は，初期には自律神経症状が中心であり，その後食欲異常や入眠障害があり，そしてうつ的な症状が続くことになる．自律神経機能は視床下部にあり，視床下部は体温，食欲，ホルモン分泌調節の中枢でもある．したがって，フクロウ症候群では視床下部の機能に異変が起こっているものと考えられている[2]．

フクロウ症候群の子供たちに共通して観察されるのは疲労感あるいは疲れやすさである．現在の子供たちの生活をながめてみると，大人たちの価値観に従った生き方をしており，自分の意志で伸び伸びとした生活を送ることはない．また，塾を中心とした習い事のために，ハードワークで休みや遊びのない生活が持続し

ている．さらに，学校の偏差値教育が偏った教育システムを作りあげ，結果として脳機能の疲労と低下が起こっているのである．このような状態は運動部の生徒にも観察されている．激しい練習が続くと疲労することから，フクロウ症候群の原因になるのである．スポーツは身体だけでなく心も健康にする役割がある．しかしながら，疲労回復が行われないまま激しい練習が続くと問題が発生するのである．フクロウ症候群を予防するには，まず子供に休みを与え，ゆとりのある生活を送ることができるようにする必要がある．

(4) 時差ボケ

日本からアメリカやヨーロッパなど時差が大きいところにジェット機で旅行すると，多くの人が夜になっても眠れず，逆に昼間なのに強い眠気におそわれたりする．さらには，食欲不振，疲労感や頭がぼんやりとするといった症状が数日間続くことがある．この症状を時差ボケ(非同期症候群, desynchronosis syndrome)という．たとえば，東京から8時間時差のあるパリへジェット機で旅行し，パリに午後10時に到着したとする．パリは，これから眠りにつく時間帯である．ところが，このときの日本時間は朝の6時であり，1日の活動が始まる時間帯である．旅行者はパリで夜中に観光するわけにはいかないので，ベッドに入ることになる．しかし，体内時計は朝の6時なのでなかなか寝つけず，結局睡眠不足になり，やっかいな時差ボケに悩まされるのである．時差ボケの主な症状は，疲労，精神・運動能力の低下，睡眠障害，胃腸障害，各種の心身症，頭痛，月経障害，不安などである．

時差ボケはのんびりとした船旅であれば発症することはない．船は移動速度が遅いために，体内時計は現地の時間に一致することができるのである．昔の旅は馬車や船を主体としていたために，この時代の人が時差ボケを経験することはなかったのである．しかし1950年代に入ると，大陸間の交通手段として航空機の需要が急激に増加した．それに伴い，時差ボケが発症することが発表されてきた．移動速度が速ければそれだけ体内時計と現地時間の差が大きくなるから，時差ボケが出やすくなる．佐々木[3]は体温の変動を研究し，1日の旅行によって生ずる時差が30分以下であれば，体温のリズムは現地時間に同調することができることを示した．さらに，時差が2時間以内であれば，時差ボケは生じないとし

ている.

ところで，時差ボケは東まわりに飛んだほうが西まわりで飛ぶよりもひどいことが指摘されている．最近，マドリード大学のエルナンデス教授のグループはマドリードから西まわり航路の乗務員12名と，東まわり航路の乗務員21名について，体温やホルモンなどの測定を行い両者の比較を行った．西まわりのときには，睡眠を促すメラトニンというホルモンの分泌が時差に応じて遅くなったのに対し，東まわりでは分泌周期に規則性がなくなったのである．さらに，睡眠について時差ボケからの回復時間を算出したところ，時差1時間あたりで西まわりは約1日，東まわりは1日半かかることが示された．つまり，体内時計が現地時間に同調するまでにかかる時間は，東まわりが西まわりより1.5倍よけいにかかるわけである．従来，東遅西速という言葉があって，時差ボケの解消には東向きの旅行が遅く，西向きが速いといわれていたが，この研究はそれを証明したことになる．西まわりの旅行は移動日の1日の時間が長くなるのに対し，東まわりの旅行はそれが短くなるのである．前述したように，ヒトの本来のリズムは約25時間であって，それを地球の自転に合わせて無理に24時間リズムに調整しているのである．これをさらに短くしなければならない東まわりの旅行では，生体リズムの乱れが一層ひどくなるのが原因であると推測されている．

時差はスポーツ成績にも影響する．表1.2は，1971年の日ソ親善バレーボー

表1.2　スポーツへの時差の影響

日ソバレーボール対戦成績		生体リズム的見地 佐々木 (1971)	運動生理学的見地
日本到着後の日数	日ソ獲得セット数		
1	男　3-1	同期化開始	ハードトレーニング不可
2	女　3-2		
3	女　3-0		
4	女　2-3	同期化進行中	試合不可
5	男　2-3		
6			
7	女　1-3	同期完了	試合可能
8	男　1-3		
9	女　1-3		
10	男　1-3		
11	女　0-3		
12	男　2-3		
13	男　3-1		

ル大会の成績を示したものである．この頃のソ連チームは男女とも世界最強であり，日本チームはソ連チームになかなか勝てなかった．古い資料ではあるが，このときのソ連チームは日本にやってきた次の日から試合を行っており，時差とスポーツの関係を見るうえで貴重な情報を提供しているのである．

日本到着後3日間は生体リズムの観点からすると，同期が始まった段階である．運動生理学的には，この時期はハードトレーニングができない．この時期，日本チームは男女ともソ連に勝っているのである．ところが，同期化が進行し始めるとソ連が徐々に力を発揮し，同期が完了してしまうと，日本は男女とも歯が立たなくなったのである．最終日になると再び日本チームが勝利しているが，これはソ連チームの疲労の影響があったものと考えられている．

このときの日本チームのレベルは一定ではなく，全日本代表チームであったり企業の単独チームであったりした．したがって，勝敗がただちに時差ボケと関連しているとするのは問題を残すが，試合の成績，生体リズム的見地および運動生理学的見地が見事に一致することは，何らかの関連性があることを示唆するものである．もちろん現在の国際試合では，試合が行われている現地に早くから滞在し，時差調整をして試合にのぞんでいることはいうまでもない．

(5) ウルトラディアンリズム

NREM-REM睡眠は周期約90分のウルトラディアンリズムである．一般的に，NREM睡眠時には副交感神経系の活動が活発になり，徐脈，血圧低下，低体温などを呈している．これに反して，REM睡眠期は自律神経系の活動の乱れが起こっており，交感神経系および副交感神経系の活動の亢進・抑制が認められている．Kleitman(1963)[4)]はこのNREM-REM睡眠のリズムが睡眠中だけでなく，覚醒中にも存在するという大変興味深い仮説を提唱した．ヒトは常に約90分の周期で休止期と活動期が出現するというもので，基礎的休止―活動周期 (basic rest-activity cycle) と呼ばれている．この説の発表以来，多くの研究者がこのリズムに関する研究を行い，多くの生理機能や心理機能に約90分のリズムがあることが示された．しかし，NREM-REM睡眠周期との関連性が証明されてはおらず，Kleitmanの仮説が完全に認められたわけではない．

日中の覚醒時脳波を分析すると，脳波活動には二つのリズムが存在することが

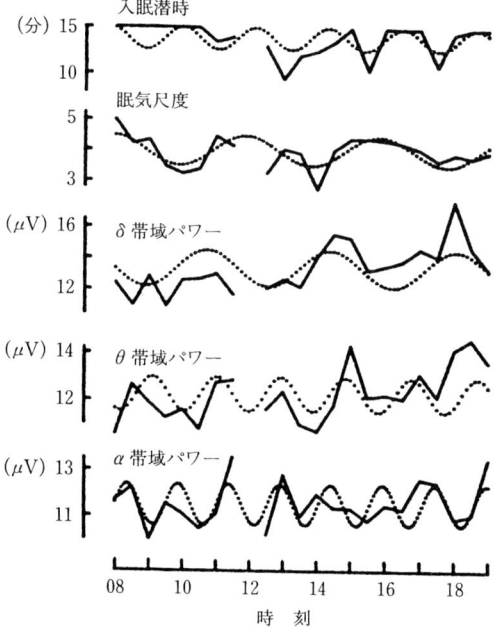

図 1.3　眠気の日中変動[5]

知られている．図1.3は日中の眠気について，入眠潜時テスト，眠気尺度検査，および入眠潜時テストの消灯から1分間の脳波を記録し，それぞれの結果にコサイン曲線をあてはめたものである[5]．脳波のα波は覚醒時にリラックスした状態あるいは目を閉じた状態で出現し，δ波およびθ波は周期の長い脳波で睡眠段階3および4でよく見られる波である．いずれの測定項目にもウルトラディアンリズムが存在し，入眠潜時とθおよびα帯域成分は約100分，眠気尺度とδ帯域成分では3~4時間の周期のリズムが見いだされた．堀(1990)[5]は，眠いのに眠れないときもあれば，眠くもないのにいつのまにか寝入ってしまうという日常体験を，眠気の体験（眠気尺度）と入眠の可能性（入眠潜時）の二つのリズムから説明している．

ところで，大学で講義をしていると，昼食後の最初の授業中は居眠りする学生が少なくないことに気づく．実際に眠気を調査した研究によると，眠気は午後2時に最大のピークとなることが確認されている[6]．このピークは昼食後1時間程

第1章 健やかに生きるために

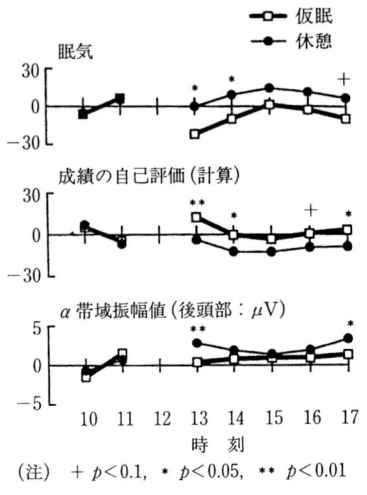

図1.4 昼休みの仮眠・休憩効果[8]

度たってから現れることから，食事と関連していると考えられているが，実際はそうではない．

睡眠の発現には体温と関係している二つの時期があり，一つは低体温の夜間，もう一つは高体温となる午後とされている[7]．したがって，午後の講義時間における学生の居眠りは，生理的な欲求に従ったものと見なすことができる．Hayashiら[8]は昼休みに仮眠することによる効果を検討した．図1.4はその結果を示したものである．この実験では12時20分から40分間休憩あるいは仮眠させ，その後の眠気，計算課題成績の自己評価，脳波成分などを比較したのである．その結果，図1.4の上段に示すように，眠気は単なる休憩よりも仮眠することによって13時と14時で有意な低下を示した．また，成績の自己評価は，仮眠することによって自己評価得点が高くなっている．休憩条件でも同じ作業を行わせたにもかかわらず自己評価が低かったことは，仮眠条件のほうが休憩条件よりも心理的負担が小さかったことを意味している．さらに，脳波のα帯域の振幅は休憩条件が大きくなっており，仮眠条件のほうが覚醒水準が高かったことを示している．このように，仮眠はヒトのさまざまな能力を改善させることができる．もし，午後の講義の前に学生が仮眠をとってくれたら，午後の講義もしっかりと聞いてくれるに違いない．

1.2 栄養と健康

厚生省は健康を保つうえで標準となるエネルギーや栄養素の摂取量を示す「日本人の栄養所要量」を5年ごとに改定している．2000年4月からの改定では，ビタミンやミネラルなどを過剰に摂取すると，健康障害が起こる栄養素について許容上限摂取量を初めて設定した．栄養所要量は元来栄養不足にならないために，1日に必要なエネルギーや栄養素の摂取量を示していたのである．それが，過食

や栄養補助食品の普及のために，特定の栄養素の過剰摂取にも気をつけなければならなくなった．

　大学生で特に注意しなければいけないことは，特定の栄養素の過剰摂取を抑えることに加え，栄養のバランスのとれた食事をすることである．多くの大学生は親元を離れているために，食事は自炊したりあるいは外食することになる．栄養のバランスを考えた食品を買ってきて自炊をするのが最もよいのであるが，時間的に余裕がない場合はインスタント食品を続けたり，外食が重なることになる．このような食生活が続くと栄養バランスが崩れ，疾病の原因にもなりかねない．

　2000年に発表された国民栄養調査から，21年前に比べて男性の肥満の割合は各年代とも約2倍に増加しているのに対し，女性ではやせすぎが増加していることが明らかとなった．男性は過食におぼれ，女性はスタイルを気にしすぎるあまり十分な栄養をとっていないのである．これらは栄養に関する知識の乏しさが一因であると思われる．健康な生活を送るためには，栄養に関する正しい知識を身につける必要がある．

(1)　食物の成分と栄養素

　われわれのまわりには数えきれないほど多くの食品があり，各人がその食品を組み合わせて毎日の食事としている．それらの食品は人の生命を維持するために，必要不可欠な物質であることはいうまでもない．

　国民が日常摂取する食品の成分を明らかにするために，日本食品標準成分表が作成されている．これは通常「成分表」といわれている．この成分表は，学校，病院，施設などの給食管理面および食事制限・治療食を行うときの栄養指導の際はもとより，栄養・健康への関心の高まりとともに一般家庭においても広く利用されている．つまり成分表は，国民が日常摂取する食品の成分に関する基礎データを提供することを目的とするものである[9]．

　成分表は食品を18の食品群別に分けている．そして，各食品ごとにエネルギー・水分・タンパク質・脂質・炭水化物・灰分・無機質・ビタミン・コレステロール・食塩・食物繊維など30項目の栄養素を記載してある．一つの食品ですべての栄養素を十分に含んでいる食品はなく，各食品に含まれる栄養素はそれぞれ違うので，これらをじょうずに組み合わせることが健康な生活を送るうえで重

第1章 健やかに生きるために

表1.3 身近な食品の栄養的特徴

食品群		主な栄養素	食品例
1群	魚・肉・卵 大豆・大豆製品	タンパク質	魚, 牛肉, 豚肉, 鶏肉, 鶏卵, 豆腐, 納豆, 味噌
2群	牛乳, 乳製品 小魚, 海藻類	カルシウム	牛乳, ヨーグルト, チーズ, 昆布, ノリ, ワカメ
3群	緑黄色野菜	カロチン ビタミンC	カボチャ, 小松菜, 春菊, トマト, 人参, ピーマン
4群	淡色野菜果物	ビタミンC	キャベツ, キュウリ, 大根, タマネギ, バナナ, リンゴ
5群	穀類・芋類	糖質	米, 麺類, ジャガイモ, パン, サツマイモ, 砂糖
6群	油脂類・種実類	脂質	植物油, バター, ゴマ, マヨネーズ, クルミ

要である．

　一方，成分表とは別に，各食品がもつ主な栄養素別にいくつかのグループに分けることがあり，分け方には数種類の方法がある．ここでは食品を六つのグループに分ける最も一般的な「六つの基礎食品」(表1.3)と呼ばれているもので説明する．1群は主にタンパク質を含む食品で，肉，魚，卵，大豆，大豆製品などである．通常，食事の際に主菜とされることが多い食品である．2群はカルシウムを主に含む食品で牛乳，乳製品，小魚，海草類である．このうち，牛乳と乳製品は同時にタンパク質も豊富であり，さらに他の食品と比較しても体内において吸収率のよいカルシウムを含んでいる．3および4群は主にビタミンを多く含む野菜，果物であるが，野菜はビタミンのうちカロチンが特に多い緑黄色野菜とその他の野菜とに分けられている．果物はその他の野菜のグループとして4群に入る．5群は糖質を多く含む食品の穀類および芋類である．ごはん，パン，麺類などがこの群になる．6群は脂質を主に含む油脂類と種実類である．食事をとる際，この1〜6群のグループのすべての食品が入っていれば，栄養的に見てもバランスのとれた食事といえるであろう．

(2) 糖質

　糖質 (carbohydrate) は炭素 (C)，水素 (H) および酸素 (O) からなる化合物である．一般式は $C_m(H_2O)_n$ で表されるので炭水化物と呼ばれている．糖質は単糖類，少糖類，および多糖類に分けられる．単糖類は加水分解しても，より簡単な糖を生成しない糖で，少糖類および多糖類の構成の基礎となっている．単糖類

には三炭糖，四炭糖，五炭糖，六炭糖などがあるが，重要なのは五炭糖と六炭糖である．五炭糖は動植物細胞内の核酸の成分としてRNAやDNAに含まれている．六炭糖にはグルコース，フラクトース，ガラクトースなどがある．これらは栄養学的に重要な糖類であり，主に二糖類あるいは多糖類の形で存在している．少糖類には二糖類，三糖類，四糖類などがある．そのうち二糖類にはショ糖，麦芽糖および乳糖がある．ショ糖は砂糖のことであり，植物界に広く分布している．多糖類は自然界に最も多量に存在する糖類である．デンプンは多糖類のなかの六炭糖系に属し，ヒトの消化酵素で消化されエネルギー源として利用されている．また，グリコーゲンは動物の体内で貯蔵される多糖類で，肝臓や筋肉などに多く含まれる．

食品中の糖質が生体内において果たす役割は，体内で酸化分解されエネルギーを発生することである．糖質はあらゆる臓器を働かせるエネルギー源となっており，たとえばわれわれの脳細胞も糖質が分解されたブドウ糖によって活動する．高校から大学にかけての時期には，夜遅くまで起きている生活パターンが多く見られる．そのため，朝起きるのが苦手となり，時間的にも朝食の時間は極端に少なくなるか，朝食抜きとなる．朝食を抜くと体内ではブドウ糖が供給されないため，脳の働きは鈍くなる．その結果，午前中の授業で居眠りをしたり，集中力が欠け応答速度も緩慢になる．朝起きて食事をとり，体を動かすことで体温も上昇し，それに伴い眠っていた脳も活動を始めるのである．集中力や持続力をつけるためにも朝食は大切である．

エネルギー供給源として不可欠な糖質だが，過剰摂取するといろいろな弊害も起きる．余分な糖質は体内で脂肪に変化し，皮下脂肪や内臓脂肪となって蓄えられる．つまり肥満につながるわけである．また，血液中でも必要以上に脂肪分が増え，生活習慣病の一つである高脂血症になる．

現在，日本人の40歳以上の10人に1人が糖尿病であるといわれている．食品が分解されてできるブドウ糖は，血液中に入り全身の細胞へ送られる．この際に働くのがインスリンというホルモンである．つまり，糖質をとりすぎるとインスリンの分泌がたくさん必要となる．インスリンが不足状態になると，処理できないブドウ糖は血液中にだぶついてくる．だぶついたブドウ糖が限界を超えた場合，尿のなかに排出されるようになる．わが国における糖尿病患者の99％以上

が，肥満や食べすぎなどによるインスリンの不足によるものである．中年以降に発病することから成人型糖尿病とも呼ばれる．この成人型糖尿病の大きな原因として，糖質の過剰摂取があげられる．以前は成人病とされていた疾病が，現在では生活習慣病といわれている．その名称が示すように，各人が積み重ねてきた生活習慣が疾病となりうるわけである．若いうちから食生活に気をつけることが，生活習慣病の第一の予防につながるのである．

(3) タンパク質

　タンパク質 (protein) はあらゆる生物の構成成分であり，さらに酵素，ホルモン，抗体などの主成分となっている．したがって，生物としての機能を発揮するうえで最も重要な化合物といえるのである．タンパク質はアミノ酸が最小単位となって，これらが多数結合した高分子の有機化合物である．アミノ酸はその分子中にアミノ基 $-NH_2$ とカルボキシル基 $-COOH$ を有する化合物のことである．アミノ酸の組合せにより，無限に近い種類のタンパク質が合成される．アミノ酸は炭素，水素，酸素，窒素 (N) および硫黄 (S) からなり，これまで100余種のアミノ酸が確認されているが，天然のタンパク質を構成するのは20余種である．

　食品中のタンパク質は生体内でアミノ酸に分解され，消化管から吸収される．生体内では20種類のアミノ酸の組合せによっていろいろなタンパク質が合成される．アミノ酸のうち8種類は体内で合成できないか，あるいは十分に合成できないため，必ず食物から摂取しなければならない．これらは必須アミノ酸と呼ばれており，イソロイシン，ロイシン，リジン，メチオニン，フェニルアラニン，スレオニン，トリプトファンおよびバリンである．さらに幼児では，成長を促進させるヒスチジンも必須アミノ酸とされているが，これは加齢とともに必須アミノ酸ではなくなる．通常良質のタンパク質といわれるのは，この必須アミノ酸が多く含まれるものをいう．

　タンパク質は多くの食品に含まれているが，含有量が多く，さらに良質のタンパク質源として，肉，魚，卵，大豆，大豆製品，牛乳および乳製品があげられる．発育期においてのタンパク質の不足は成長を著しく妨げる．ことに身長に対する影響は顕著である．また，発育期に限らず，タンパク質の不足は貧血，肝障害，免疫機能の低下など健康を損なう原因となる．

このように，体内において必要不可欠のタンパク質でも，過剰摂取すると生体に障害を及ぼすこともある．過剰に摂取されたタンパク質は体内で代謝され，糖質や脂質として貯蔵されるか，分解され尿素として尿中に排出される．このため肝臓や腎臓機能に障害のある場合，それらの臓器への負荷が大きくなり，代謝異常を悪化させる．肝硬変などの場合は血中アンモニア濃度が増加し，肝性脳症を起こすことがある．また，慢性腎症などの腎疾患時にはタンパク質分解物の尿中への排泄が十分に行えず，血中に増加し尿毒症を引き起こすこともある．各人に見合った所要量をとることが大切である．

(4) 脂質

　脂質 (lipid) は動植物組織に多く含まれており，エーテル，アルコールなどの有機溶媒に溶解する一群の化合物の総称である．脂質は単純脂質 (中性脂肪など)，複合脂質 (リン脂質，糖脂質など) および誘導脂質 (脂肪酸，グリセロールなど) に分けられる．このうち特に脂肪酸は脂質を構成する重要な化合物である．通常の食事では脂肪酸をそのままの形で摂取することは少なく，中性脂肪やリン脂質として摂取される．脂肪酸は分子中に二重結合を含む飽和脂肪酸と，含まない不飽和脂肪酸に分けられる．不飽和脂肪酸はエネルギー源になるだけでなく，酵素活性，免疫調節機能，抗動脈硬化作用，脂質調節作用，脳神経機能維持など健康を維持するうえで重要な役割を果たしている[10]．一方，飽和脂肪酸は動脈硬化などの原因となる血漿コレステロールの増加を引き起こす作用があるため，摂取量は控えるほうがよい．飽和脂肪酸は動物性の脂に多く含まれているのに対し，不飽和脂肪酸は植物の種子油に多い．

　食品中の脂質が生体内において果たす役割は，エネルギー源，必須脂肪酸の補給，脂溶性ビタミンの補給に役立つなどである．また，滞胃時間が長いため脂質

表1.4 各栄養素の発生熱量，単位酸素摂取量・二酸化炭素排出量当たりの熱量呼吸商，および栄養素の燃焼時の酸素必要量・二酸化炭素排出量

栄養素	燃焼熱 (kcal/g)	O_2 (kcal/l)	CO_2 (kcal/l)	呼吸商	O_2 (l/g)	CO_2 (l/g)
糖　質	4	5.0	5.0	1.0	0.75	0.75
脂　質	9	4.7	6.6	0.7	2.03	1.43
タンパク質	4	4.5	5.6	0.8	0.95	0.76

を多く含む食品をとると腹もちをよくすることができる．表1.4には各栄養素の1g当たりの発生熱量，酸素摂取量と二酸化炭素排出量1l当たりの発生熱量，呼吸商および栄養素1gが燃焼するのに必要な酸素量と排出される二酸化炭素量を示している．脂質は1g当たり9kcalのエネルギーを産出することができる．つまり，糖質やタンパク質のもつエネルギーの2倍以上になるため，同じエネルギーを得る場合，摂取量は少なくてすむという利点がある．激しいスポーツをしている人や，妊娠および授乳中のようにエネルギー所要量が多い場合は，脂質を多くとることで胃の負担を軽くしてエネルギー補給が可能になる．しかし脂質も過剰に摂取すると，エネルギーを過剰にとることになり，体内貯蔵脂質の増加を招き，肥満症や動脈硬化症を引き起こすことがある．

　日本人の脂質の摂取量は戦後急速に増加し，最近では横ばい状態となっている．しかしながら，その内容を見ると動物性脂質の比率の増大がある．前述したように，動物性脂質のうち獣肉の脂質は血中のコレステロールを高くするが，魚類の脂質にはエイコサペンタエン酸(EPA)やドコサヘキサエン酸(DHA)という脂肪酸が含まれている．これらは血中の中性脂肪やコレステロールを低下させる作用がある．さらに，EPAとDHAにはすぐれた脂質代謝改善作用とともに血小板凝集抑制作用があり，魚類を適当に摂取することは動脈硬化の予防，ひいては虚血性心疾患や血栓症の予防効果につながる．EPAとDHAが特に多く含まれているのは，アジ，イワシ，サンマなどの青魚類である．脂質の摂取においては，量のみでなく質的内容を考えた摂取が重要である．

(5) ビタミン

　ビタミン(vitamin)は正常な発育と栄養を保つうえで欠くことのできない微量栄養素であるが，生体内では合成されないので食品から摂取しなければならない．表1.5に一般的に知られているビタミンを示している．ビタミンには水に溶ける水溶性ビタミンと油脂に溶ける脂溶性ビタミンに分けられる．水溶性ビタミンは体内に貯蔵されることはなく，通常過剰に与えられると余分のものは排泄される．しかし，脂溶性ビタミンは脂質とともに腸から吸収され肝臓などに蓄えられる．

　ビタミンが欠乏すると，ビタミン欠乏症と呼ばれるさまざまな症状を呈する．

一方，過剰に供給されると，体内に貯蔵される脂溶性ビタミンは中毒症を起こすことがある．水溶性ビタミンは過剰に摂取されても排泄されるので，毒性は低い．現代の日本においてビタミンが欠乏するのはまれである．厚生省は2000年発表の「日本人の栄養所要量」において，欠乏症を防ぐための必要量とともに，過剰摂取による健康障害を防ぐ上限値を設定している．上限値が示されたのは，ビタミン A, D, E, K, B_6，ナイアシン，および葉酸の7種類である．たとえば，ビタミン A の欠乏症は夜盲症，眼球乾燥症および皮膚変化などをまねく．過剰症は乳児に現れやすく，急性中毒と慢性中毒に分けられる．前者では頭痛，嘔吐，興奮などがあり，後者では食欲不振，発熱，脱毛などが現れる[11]．その他のビタミンもそれぞれ特有の過剰症を呈するために，過剰摂取には注意しなければならない．

表1.5 ビタミン

水溶性ビタミン	脂溶性ビタミン
ビタミン B_1	ビタミン A
ビタミン B_2	プロビタミン A
ビタミン B_6	ビタミン D
ナイアシン	ビタミン E
パントテン酸	ビタミン K
葉酸	
ビタミン B_{12}	
ビオチン	
コリン	
イノシトール	

(6) 無機質

無機質は有機物を構成している炭素，水素，酸素，窒素以外の元素の総称であり，金属あるいは塩類などでミネラル(mineral)とも呼ばれる．主要なミネラルはカルシウム，マグネシウム，リン，カリウム，ナトリウム，硫黄，塩素などであり，これらはヒトの体内のミネラルの99％以上を占めている．他に微量元素として鉄，銅，ヨウ素，フッ素，マンガン，コバルト，ニッケル，モリブデン，亜鉛などがある．これらはすべて栄養上不可欠なことが確認されている．

体重 50 kg のヒトでは約 2 kg(体重の約 4 ％)は無機質だとされており，主に骨や歯，体液，筋，結合組織に存在している．ミネラルはそれぞれ特有の生理的作用を有しているが，次の三つの機能に分けることができる[12]．

① カルシウム，リン，および微量のマグネシウムとフッ素が骨と歯を形成する．

② イオン化して，浸透圧の平衡維持，酸－塩基平衡維持，免疫機能の維持，神経・筋の機能維持，酵素反応の活性化などを行う．

③ 酵素，ホルモン，ビタミンなどの生体内有機物の構成要素となっている．

必須無機質が欠乏するとビタミンと同様に欠乏症が発生する．通常の食事をとっているとミネラルの欠乏は少ないと考えられているが，最近の調査からカルシウムと鉄が不足している人が多いことが指摘されている．カルシウムが欠乏すると，痙攣，筋肉・神経機能の失調などが起こる．また，血中のカルシウムが低下すると，その正常値を維持するために骨のカルシウムが溶かされる．その結果，骨の発育が障害され，小児ではクル病，成人では骨粗鬆症となる．鉄はヘモグロビンの構成物質であるために，これが不足すると貧血になりやすい．

ほとんどの無機質は過剰に摂取すると中毒症状を呈する．「日本人の栄養所要量」において許容上限摂取量が設定されたのは，カルシウム，鉄，リン，マグネシウム，銅，ヨウ素，マンガン，セレン，亜鉛，クロムおよびモリブデンの11種類のミネラルである．たとえば，カルシウム過剰摂取の場合，泌尿器系結石ができたり，高カルシウム血症が起こることもある．

(7) 栄養と運動

健康を維持・増進させたり体力を増強させるためには，十分な栄養をとることに加えて，適度な運動を行うことが重要である．都市生活者のある栄養調査によると，成人女子の鉄の摂取量が所要量を満たしていなかったが，その他の栄養摂取状況はかなり良好であった．ところが，同じ人たちの運動量を調べてみると，著しい運動不足の傾向が認められたのである[13]．運動不足の傾向は女性よりも男性に，中高年層よりも青壮年層に顕著だったのである．おそらくこの結果は，現代日本の都市生活者の典型的な現状を示しているものと思われる．今日の日本の社会は栄養のとりすぎに注意しなければならないほど栄養状態は良好なのであるが，運動が極端に不足しているのである．健康維持や体力増強のためには，栄養と運動を調和させなければならない．

一般の日本人の栄養過多が指摘されているなかで，運動選手の栄養状態は必ずしもよいわけではない．特に大学の運動部に属している選手たちは，練習や試合に追われているために，朝食を抜いたりインスタント食品を食べたりと食生活が乱れている．トレーニング期にあるスポーツ選手の1日当たりの三大栄養素摂取の目安は，糖質は500g以上，タンパク質は体重1kg当たり2g，脂質は総摂

取カロリーの 25 ％ 以下とし，タンパク質・糖質・脂質の割合 (PFC 比) は 15 : 25 : 60 ％ とされている[14]．図 1.5 は 12 人の大学運動選手の糖質摂取量を調査した結果である．大学の運動選手の場合，糖質の摂取量は 500〜600 g が適当とされているが，実際にはほとんどの者が 300 g 以下であり極端に不足している．図 1.6 は同じ選手のタンパク質の摂取量と必要量を比較したものである．実際の摂取量は必要量よりもかなり低いことがわかる．ビタミンやミネラルについても状況は同じであって，スポーツ選手として必要な量は十分補給されてはいない．脂溶性のビタミンとミネラルは過剰摂取に注意しなければならないが，不足しているものを補うには補助食品を利用することも重要になってくる．

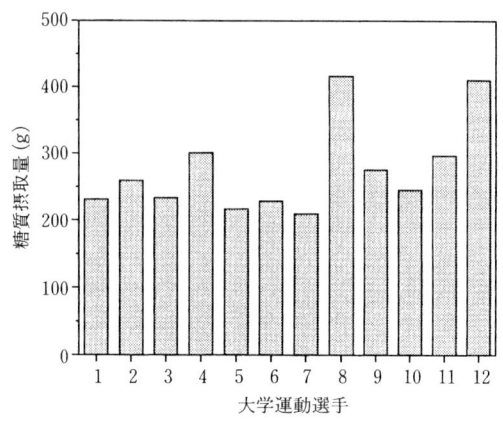

図 1.5　大学運動選手の糖質摂取量 (文献 14) より作図)

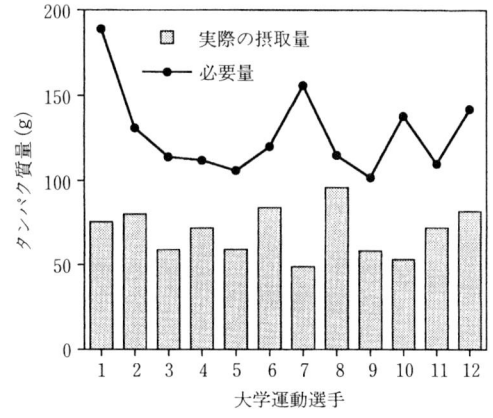

図 1.6　大学運動選手のタンパク質摂取量と必要量 (文献 14) より作図)

これまで栄養学とスポーツ科学分野ではそれぞれ単独では研究が進んでいるものの，両者を関連づけての研究はそれほど深くなされていない．これからは運動と栄養学を密接に結びつけて，健康増進や体力増強に果たす役割を追求する必要がある．

1.3 肥満と健康

健康を保つために最も重要なことの一つは肥満にならないことである．肥満は従来中高年者に多かったのであるが，最近では若年者にもしばしば観察されるようになってきた．肥満になると，持久性や敏捷性などの運動能力が低下し，さらには後述するように，肥満は生活習慣病との関連が非常に強いのである．健康な生活を送るためには，まず肥満にならないよう食べすぎに注意し，運動を継続的に行うことが大事である．

(1) 肥満とは

毎日の生活において，生理機能が営まれるためにはエネルギーが必要である．エネルギーは食事によって得られるが，消費エネルギーを超えて過剰にエネルギーを摂取し続けると，余分なエネルギーは脂肪となって皮下と腹腔内の脂肪組織に蓄積される．肥満はこの脂肪組織が過剰に蓄積された状態のことである．

肥満を解剖学的な見地から分類すると次の三つに分けられる．細胞増殖型肥満は過形成型肥満とも呼ばれているもので，脂肪細胞の数が増殖することによって起こる肥満のことである．一方，個々の脂肪細胞が大きくなることによる肥満は細胞肥大型肥満といわれている．脂肪細胞は，体内の脂質が増加するとこれらを取り込んで肥大し，逆に脂質が減少すると縮小するという性質がある．一般に，成人してからの肥満はこのような細胞肥大型肥満となる．ところが思春期までの過食による肥満では，細胞増殖型肥満となる．したがって，思春期までの肥満は，脂肪細胞の数そのものが増えているため，その後減量を試みたとしても肥満の改善は容易ではない．成人においても肥満が進むと脂肪細胞の増殖があるといわれている．さらに，極度の肥満ではこれらの両方が同時に起こるため，両タイプ合併型となる．

(2) 肥満の判定

肥満の判定には，標準体重法，さまざまな体格指数を用いた方法，体脂肪率法などがある．標準体重を求めるために，これまでいくつかの推定式あるいは年齢

別の一覧表が発表されてきた．最近では，下記に示すように身長の 2 乗に 22 を掛けた値が標準体重とされている．

$$標準体重 (kg) = 身長 (m) \times 身長 (m) \times 22$$

標準体重の ±10％ の範囲内が適正体重とされ，＋10〜＋20％ ではやや太りぎみ (過体重)，＋20％ を超えると太りすぎ (肥満) と判定される．

一方，体格指数も身長と体重から算出するものが多く，その簡便性からしばしば用いられる肥満判定法である．体格指数はいくつか考案されているが，そのなかで使用頻度が最も高いのは body mass index (BMI) である．BMI は体重を身長の 2 乗で割って求められる (BMI＝体重 (kg)/身長 (m)^2)．BMI は体脂肪量とよく相関することが知られており，近年肥満判定法として頻繁に使用されるようになった．BMI の判定基準は次のとおりである．

　男性：正常範囲＝20.0〜23.9
　　　　体重過剰＝24.0〜25.9
　　　　肥　　満＝26.0 以上
　女性：正常範囲＝19.0〜22.9
　　　　体重過剰＝23.0〜24.9
　　　　肥　　満＝25.0 以上

標準体重および体格指数とも，身長と体重から肥満度を判定する簡便な方法である．しかし，これらの方法では身長と比較して体重が重ければ，太りすぎあるいは肥満と判定してしまうことになり不都合が生じる場合がある．たとえば，筋肉隆々としたスポーツ選手の場合，身長に比して体重が大きい場合が少なくない．標準体重および体格指数法では筋肉がつきすぎても太りすぎと判定してしまうのである．実際の肥満では身体に蓄積された脂肪が問題であって，これは身長と体重だけでは判断できないのである．肥満を正確に判定するには身体の組成 (体組成，body composition) を知る必要がある．

体組成は，組織代謝活性度が低いとされている脂肪組織 (体脂肪量，fat mass) と，それ以外の組織 (除脂肪量，lean body mass：LBM) に分けられる．体重に占める体脂肪量の割合は体脂肪率 (％Fat) として示され，肥満度を表す指標としては最適である．しかし，実際には体脂肪量を実測することは困難なために，推定式から体脂肪量が求められている．体脂肪量を推定するには，まず体密度 (D)

を求める必要がある．

　体密度を求めるために，これまで広く用いられてきた方法は水中体重秤量法である．これは体密度を得るには身体容積を明らかにする必要があり，空気中の体重と水中体重の差がアルキメデスの原理により身体容積を表すことを利用したものである．水中体重を測定する際にはできるだけ身体内部の空所をなくす必要があるために，被験者は精一杯の呼出を行う．それでもなお肺には残気量として空気が残っているために，残気量の測定は不可欠である．さらに，腸管部にもガスが残留しているが，これは無視するかあるいは 100 ml として計算する場合が多い．

　水中体重秤量法は体密度推定にとってすぐれた方法の一つであるが，測定には大がかりな実験設備や熟練した実験者が必要とされる．そこで，簡単に体密度が求められるように多くの推定式が考案されてきた．そのなかで，日本で最もよく用いられている体密度推定式は長嶺の式 (1972)[15] である．これらは性別および年齢別に作成されていて，上腕背部と肩甲骨下部の皮下脂肪厚により体密度を算出することができる (表1.6)．しかし，長嶺の式は約 30 年も前の日本人の資料から算出されたものであり，体型が大きく変わってきた現代の日本人にはあてはまらないことが考えられる．さらに，これらの式は中高年にはあてはまらないことが指摘されている．このような不都合を解消するために，田原ら (1995)[16],[17] は成人 18 歳以上を対象として，次のような新たな体密度推定式を発表している．

$$成人男子体密度 = 1.09556 - 0.00062 \times 皮下脂肪厚3部位和 - 0.00028 \times 年齢$$

$$成人女子体密度 = 1.07931 - 0.00059 \times 皮下脂肪厚3部位和 - 0.00015 \times 年齢$$

表1.6　日本人の体密度推定式 (長嶺, 1972)[15]

年齢（歳）	男	女
9〜14	$D = 1.0879 - 0.00151\,X$	$D = 1.0794 - 0.00142\,X$
12〜14	$D = 1.0868 - 0.00133\,X$	$D = 1.0888 - 0.00153\,X$
15〜18	$D = 1.0977 - 0.00146\,X$	$D = 1.0931 - 0.00160\,X$
18以上	$D = 1.0913 - 0.00116\,X$	$D = 1.0897 - 0.00133\,X$

（注）　D＝体密度
　　　　X＝上腕背部皮下脂肪厚 (mm) ＋肩甲骨下部皮下脂肪厚 (mm)

ここで，皮下脂肪厚3部位は上腕部，肩甲骨下部および腹部である．これら田原の式は豊富なデータに基づき作成されたもので，信頼性はきわめて高いことが証明されている．

体密度が求まると，次式で体脂肪率を算出することができる[18]．

$$\text{体脂肪率}(\%\text{Fat}) = \left(\frac{4.570}{D} - 4.142\right) \times 100$$

男子では従来この値が20％を超えると肥満傾向にあるとされていたが，最近では25％以上を肥満とする説もある．女子の場合，％Fatが30％以上になると肥満傾向にあるとされている．

(3) 肥満の原因

いうまでもなく，肥満は摂取エネルギーが消費エネルギーを上まわり続けることによって起こるのである．つまり，食べすぎかあるいは運動不足かのどちらかなのである．ところが，今野(1982)[13]は肥満の原因は食べすぎであるとする根拠は示されていないことを指摘し，肥満は運動不足が原因であると結論づけている．

若菜ら[19]は，体重当たりの摂取エネルギーと％Fatとの関係には統計的に有意な負の相関関係があることを示し，％Fatが高い人ほど体重当たりのエネルギー摂取は少ないことを指摘した．つまり，％Fatの高い人は摂取エネルギー量が少ないにもかかわらず太っているのである．消費エネルギーは体重よりもむしろ除脂肪体重との相関が高い．そこで，若菜ら[19]は除脂肪体重当たりの摂取エネルギーと％Fatとの関係を調べ，統計的に有意ではないが，除脂肪体重当たりの摂取エネルギーの低い人ほど％Fatが高い傾向にあることを示唆している．これらの事実は肥満は食べすぎが原因とはいえないことを示している．

時々，あまり食べないのに太る，という人がいる．これは食べる量に比して身体活動量が少ないのである．しかし，同じ量を食べて，また同じような運動量であったとしても，太る人と太らない人がいるのは事実である．これは基礎代謝量(basal metabolic rate：BMR)に違いがあるからである．基礎代謝量とは人が生きていくうえで最小限必要なエネルギー量と定義されており，通常は早朝覚醒直後臥位姿勢で測定される．基礎代謝量が大きい人はそれだけエネルギー消費も大

きいために，同じ量を食べても太らないということになる．

(4) 肥満と生活習慣病

肥満は糖尿病，高脂血症，高血圧症，高尿酸血漿（痛風）などの生活習慣病（いわゆる成人病）のリスクファクターとなっている．これらの疾患はいずれも動脈硬化との関連が強く，冠動脈疾患や脳血管疾患（脳卒中）の発症につながるのである．また，肥満になると死亡率が高くなることも知られている．特に，若年層での死亡率が高くなるのに対し，高齢者では肥満による死亡率の増加は見られなくなる．平均体重より10〜20％肥満した15〜69歳の女性では，18％の死亡率増加があり，20％以上の肥満になると，死亡率増加は25％となる．男性では女性より死亡率増加はやや高い傾向にある．肥満による死亡率の増加の原因は，糖尿病，冠動脈疾患，脳卒中，慢性腎炎，肝硬変などの疾患に起因する[11]．

これまで肥満者では動脈硬化性疾患の死亡率が高いことは数多く報告されている．しかし，肥満が動脈硬化の直接の危険因子かどうかについては不明の点がある．肥満になると，高コレステロール，高血圧，高血糖等を合併している場合が多く，これらの効果が複雑に作用して動脈硬化を起こすと考えられている．

たとえば，血中のコレステロール値が高くなると，動脈硬化に起因する虚血性心疾患の発症率が高くなることが証明されている．コレステロールは，血液中ではアポ蛋白というタンパク質と結合し，リポ蛋白と呼ばれている．リポ蛋白はその比重によって，VLDL（超低比重リポ蛋白），LDL（低比重リポ蛋白），およびHDL（高比重リポ蛋白）に分けられている．このなかで，コレステロールを身体の各部へ運ぶ役を果たしているのがLDLである．コレステロールは動脈硬化のリスクファクターの一つではあるが，身体にとっては非常に重要な役割があって，細胞膜の構成，ビタミンDやホルモンの材料となっているのである．

ところが，血中コレステロールが異常に増加すると，LDLは細胞に取り込まれることなく，血管内膜をおおう内皮細胞の隙間から血管内膜にしみ込んでいくのである．そうすると，白血球の一つであるマクロファージ（貪食細胞）がこのLDLを食べ始める（貪食作用）．マクロファージはLDLを食べすぎて，膜が破裂し死んでしまう．こうなると，さらに別のマクロファージがやってきて，死亡したマクロファージからLDLを食べ，これもまた食べすぎて死亡するのであ

る．この過程が繰り返され，さらに血管の中膜を構成している平滑筋細胞までがLDLを食べ始め，マクロファージと同じようなことを繰り返すのである．そして，ついにはLDLだけが血管壁に付着し，さらに平滑筋細胞の増殖により血管内腔は狭く細くなるのである．これがコレステロールによる動脈硬化の形成過程である．

(5) 減量と食事療法

肥満は前述のように運動不足が第一の原因と考えられる．したがって，減量するには運動をすることが最善な方法であるが，実際には食事制限に依存している人が多い．しかしながら，食事制限だけの減量法は問題があることが指摘されている．

最近，女性を中心に食事制限をする人が増えてきている．しかし，なかにはやせる必要のない人や，誤った食事制限をする人がいる．誤った食事制限をすると，栄養不足や体調不良を起こすこともあり，さらには拒食症（神経性食欲不振症）を引き起こすことにもなりかねない．拒食症とは，物を食べようとしても，体自体がものを受けつけなくなってしまう症状である．食べたい，でも太りたくないという強い気持ちが拒食症を招いてしまうのである．

過食による極度の肥満の場合，多くの治療法として，超低カロリー食事療法が用いられる．この方法では，1日の摂取カロリーが400から800 kcalに抑えられている．このようなカロリー制限に加えて，食事内容にも制限が加えられる．炭水化物は脂肪へと変わってしまうため，その量は抑えられ，また脂肪の量も減らされる．その代わりとして，タンパク質は通常量であるものの，ビタミンおよびミネラルを多く含んだものとなっている．

低カロリー状態が続くと，まず体脂肪量が低下する．体脂肪量の低下は，脂肪細胞数は変化しないことから，脂肪細胞の容量が減少する．図1.7は15人のアメリカ人肥満女性（年齢30〜54歳）の体重および体組成の変化を減量前後に観察した結果である[20]．これらの女性はタンパク質70 gを含んだ1日420 kcalの食事を4〜6か月間与えられた．この間に，19.9 kgの体重が減少し，そのうち16.6 kgは脂肪量の減少であり，除脂肪体重の減少は3.3 kgであった．図1.8は同じ実験から，皮下脂肪厚の変化を示している．どの部位も減量前に比較して，

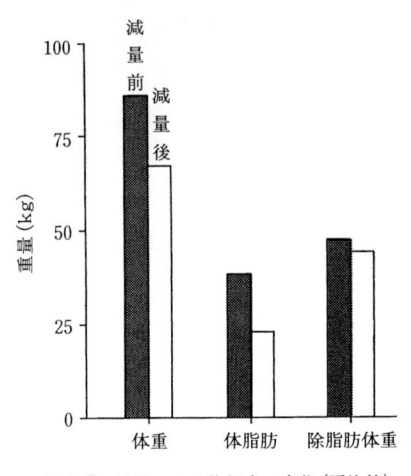

図1.7 減量による体組成の変化（平均値）
（文献20）より作図）

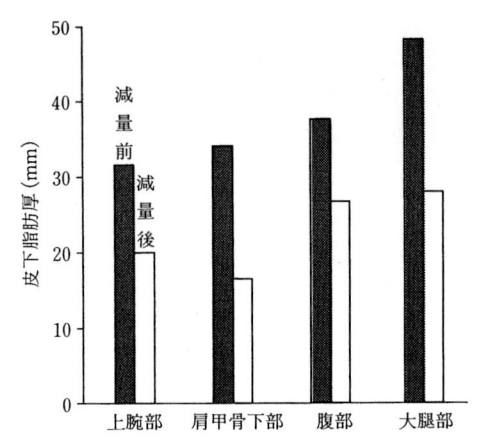

図1.8 減量による皮下脂肪厚の変化（平均値）
（文献20）より作図）

減量後はおよそ半分の厚さになっている．このように食事制限は体脂肪量を減少させるために有効な方法のように感じられるが，除脂肪体重の減少だけでなく，その他にもいくつかの問題点がある．

低栄養状態においては体内における物質代謝が大きく変化している．三大栄養素のうち，糖質は体内貯蔵量が少ないために，すぐに消耗されてしまう．糖質が消耗すると，次に脂肪がエネルギー源として使われる．脂肪が燃焼されると尿にアセトン体（ケトン体）が排出され，生体はアシドーシスとなり，倦怠感，疲労感，脱力感などを訴えるようになる．さらに，低栄養状態が続くと，細胞原形質の主成分であるタンパク質もエネルギー源として使われるようになる．体内のタンパク質は副腎皮質ホルモンの作用によって糖に変えられ利用されている．したがって，低栄養状態であってもタンパク質の供給があるときは，血糖値はほぼ正常値を保っている．

体タンパク質は全身から失われていくが，特に臓器のなかでは心臓，膵臓，および小腸の上皮組織からの損失が著しい．超低カロリー食により，心不全を起こした死亡例が報告されている．これはタンパク質が心臓から失われることによって心筋が薄くなり，心不全を発症しやすくなっていると考えられている．さらに，小腸の上皮組織からのタンパク質損失も著しいことから，小腸の消化吸収能

力が低下するのである．したがって，低栄養の状態が続くならば，食事で摂取した栄養素の吸収障害を受けることにより，体組織へ栄養素の供給がさらに不足することになる．

　低栄養により身体消耗が続くと，最後には死を迎えることになる．飢餓状態を観察すると，その経過は体重減少に応じて四期に分けられている．第一期は体重が10％低下するまでの時期である．この時期に，生体内部の新陳代謝が抑制された状態に移行していく．第二期はさらに体重が10％減少する時期であり，新陳代謝の抑制に慣れてきた時期でもある．これからさらに体重が10％低下するまでの時期が第三期である．最後の第四期になると，飢餓によって生体は消耗し，臓器の組織が壊死を起こし，尿排泄窒素が上昇する．通常，体重がもとの体重の60％以下になると死に至ることもある．

　最近アメリカのある研究者は，炭水化物だけを控え，脂肪およびタンパク質は自由に摂取させるという興味深い食事療法を実践している．活動のエネルギー源となるのはまずブドウ糖である．ブドウ糖によるエネルギー供給が続かなくなると，今度は脂肪がエネルギー源として使われることになる．炭水化物を摂取しなければ最初のエネルギー源であるブドウ糖が供給されず，直接に脂肪がエネルギーとして使われることになる．やせるためには体内脂肪を使う必要があり，炭水化物を控えることによってこのことが可能となるのである．実際にこの方法を用いて減量に成功した人もいるようだが，その効果については疑問を抱いている専門家も少なくない．

(6) 運動による減量

　減量するためには脂肪量を減少させる必要がある．運動を継続して行うと，エネルギー源は糖質から脂質へと移行する．このとき，脂肪組織の中性脂肪は分解され遊離脂肪酸(free fatty acid : FFA)となって，これがエネルギー源となる．FFAは血液によって筋へ運ばれ，筋細胞内のミトコンドリアでTCAサイクルに入り，酸素の供給のもとで直接のエネルギーとなるATP(アデノシン三リン酸)を合成するのである．したがって，脂肪をエネルギー源とするには必ず酸素の供給が必要となる(有酸素運動)．

　無理をすることなく減量するための運動プログラムの例は次のとおりである．

運動強度は最大酸素摂取量の約50％とし，1回当たりの運動時間は少なくとも20分以上とする．運動頻度は週3回以上が望ましい．また，有酸素運動としては，長続きさせなければならないことを考慮すると手軽に実行できる歩行が最適であり，その他ランニング，水泳，自転車運動などである[21]．

表1.7は13週間に及ぶ有酸素トレーニングの内臓脂肪量や皮下脂肪量に及ぼす効果を観察したものである[22]．この研究では健康な若年女性を対象とし，運動強度は最大心拍数の50～60％強度で，1回に少なくとも30分間，1週間に3～4回の頻度で実施した．この間，被験者の食事は特に制限されず，普段どおりの食事をとるよう指示された．体重，体脂肪率，総脂肪量および皮下脂肪量は統計的に有意な減少を示したのに対し，除脂肪量および内臓脂肪量は変化が観察されなかった．運動と食事制限による減量の大きな違いは，前者の場合除脂肪体重が変化しないかあるいは増加する場合があるのに対し，後者の場合は体脂肪量と除脂肪量の両方が減少する点にある．また，運動だけでは内臓脂肪量の減少にはつながらないことが示された．

表1.7　食事制限なしで行った有酸素トレーニングの効果[22]

	トレーニング前	トレーニング後
身長 (cm)	160.3 (5.1)	160.2 (5.2)
体重 (kg)	61.3 (6.2)	59.8 (5.8)**
ウエスト/ヒップ比	0.72 (0.04)	0.72 (0.03)
体脂肪率 (%)	29.7 (3.2)	28.1 (2.9)*
除脂肪量 (kg)	43.0 (3.7)	42.9 (3.5)
総脂肪量 (kg)	18.3 (3.4)	16.9 (2.6)**
皮下脂肪量 (kg)	14.3 (2.9)	13.1 (1.6)**
内臓脂肪量 (kg)	4.0 (1.8)	3.8 (1.6)

表1.8　食事制限と有酸素トレーニングを組み合わせた効果[23]

	トレーニング前	トレーニング後
身長 (cm)	158.8 (4.6)	158.7 (4.7)
体重 (kg)	53.4 (4.9)	52.0 (4.7)*
体脂肪率 (%)	27.3 (4.2)	23.7 (3.8)**
除脂肪量 (kg)	38.7 (3.7)	39.6 (3.4)*
総脂肪量 (kg)	14.6 (2.9)	12.4 (2.6)**
皮下脂肪量 (kg)	10.9 (2.5)	9.9 (2.1)**
内臓脂肪量 (kg)	3.7 (1.1)	2.5 (0.9)**
内臓脂肪の割合 (%)	25.5 (5.9)	20.3 (6.1)**

（注）　* $p<0.05$，** $p<0.01$

減量は，運動に加えて食事制限すると効果的だといわれている．表1.8は13週間にわたり食事制限と有酸素トレーニングを組み合わせ，内臓脂肪量と皮下脂肪量の影響を見たものである[23]．このとき，1日の摂取エネルギー量は1700 kcal程度とし，週3～4回の有酸素トレーニングを30分から1時間実施している．その結果，除脂肪量は有意に増加したのに対し，体脂肪率は3.6％，脂肪量にすると2.2 kg減少した．このうち皮下脂肪量は1.0 kg，内臓脂肪量は1.2 kg減少している．内臓脂肪量を低下させるには，運動だけでなく食事制限もあわせて行う必要があることを示している．

1.4 活性酸素と健康

1992年に『スポーツは体にわるい』という本[24]が発刊され，スポーツ医・科学分野で話題になったことがある．スポーツに怪我はつきものであって，捻挫などはかなり頻繁に発生している．さらに，激しいスポーツをすることによって体調をくずしたり，炎天下に長時間スポーツをすると熱射病などになることもある．しかし，この本で論じているのは，このようなスポーツ障害や外傷といった問題だけでなく，活性酸素による障害のために「スポーツは体にわるい」と指摘しているのである．活性酸素については後ほど詳細に説明するが，活性酸素は強い酸化作用があって，老化やさまざまな疾病の原因だと考えられている物質である．

「スポーツは体にわるい」という根拠の一つとして，この著者は次のようなネズミの寿命の実験を紹介している．ネズミを3群に分け，第1群のネズミには運動をさせず，餌は無制限に与えた．このようなネズミはどんどん太っていき肥満体になってしまう．第2群のネズミには運動をさせ，餌は無制限に与えたのである．ネズミの飼育かごに回転かごを取り付けてやると，夜行性のネズミは夜になるとその回転かごのなかを走り，かごをくるくると回転させるのである．運動量が豊富なこのネズミは体重が増加することなく，体型は均整がとれたスリムな状態が保たれていた．第3群のネズミには運動をさせず，餌は体重が増えないように制限した．これら3群のネズミのなかで最も長寿だったのは第3群で，次が第2群，最も短命だったのは第1群であった．第1群は肥満しているネズミであるから，短命であることは予想された．しかし，運動群が食事制限をした非運動群

よりも短命であることは，運動が健康にいいといわれてきたことからすると相反する結果と考えられる．

酸素が身体に入ると，その一部が活性酸素となり，強い酸化作用を示すことになる．運動すると酸素消費量が増えることから，活性酸素の生体内での発生も増加することになり，その影響が大きくなるから運動は身体に悪いということになる．加藤[25]は，活性酸素と体内活性酸素消去系の作用などが解明されるまでは，安易に有酸素運動が身体にとってよいなどと結論づけるべきではないとしている．もちろん，この意見には反論する人も多い．活性酸素は前述のように，生活習慣病，その他の疾病，老化などと関連が深いことから，現在最も注目されている物質の一つである．

(1) 活性酸素とは

酸素分子は大気中に20.9％存在し，この酸素は安定した基底状態(ground state)にある．この基底状態の酸素は三重項酸素($3O_2$)と呼ばれている．三重項酸素が1電子還元されるとスーパーオキシドとなり，2電子還元されたものが過酸化水素，3電子還元されたものがヒドロキシルラジカルとなる．さらに，電子のスピンの方向が三重項酸素と逆になっている酸素分子を一重項酸素と呼ぶ．これら4種が通常活性酸素と呼ばれているものである．このうち，スーパーオキシドとヒドロキシルラジカルはフリーラジカルである．フリーラジカル(遊離基)というのは不対電子をもつ化学種のことを指す．分子が安定している状態では，常に一対の電子が核のまわりの定められた軌道の上をまわっている．ところが，何らかの理由で対の電子のうちの一方が軌道から飛び出してしまうことがある．このような状態では，他から対になる電子を取り込むか，あるいは自分のほうから他の分子に電子を与えてそこで対を作ろうとするのである．したがって，フリーラジカルは不安定で，活性が高まっていることになる．

活性酸素のなかで最も反応性の高いのはヒドロキシルラジカルである．ヒドロキシルラジカルは，電離放射線と水との反応，過酸化水素とFe^{2+}との反応などで生じるとされている．スーパーオキシドの反応性は比較的低く，生体内では直接の傷害因子とはなりにくいと考えられている[26]．ただし，スーパーオキシドは過酸化水素やその他の活性酸素の生成源となるために，反応性は低いにもかかわ

らず生体への影響は大きい．スーパーオキシドは前述したように，酸素が一電子還元されて発生する．身体のなかには多くの還元物質があり，常にこれらによりスーパーオキシドが生じていると考えられている．一重項酸素は生体内での発生の過程および発生量など不明な点が多いが，光反応で発生し組織傷害因子となっていることは疑いない．過酸化水素は消毒薬のオキシフルの名で一般にはよく知られている．過酸化水素はいろいろな酵素活性を抑制し，DNAを損傷することも確認されている．しかし，過酸化水素分子そのものの酸化力は大きくなく，ヒドロキシルラジカルの生成源として重要である[27]．

　狭義の活性酸素は上記の4種であるが，このほかにも生体内で酸化反応に関係する活性酸素種がある．表1.9には狭義の活性酸素種に加えて，主なその他の活性酸素種を示している．一酸化窒素および二酸化窒素はフリーラジカルであり，工場の排煙や自動車の排気ガス中に含まれている．さらに，一酸化窒素はタバコの煙にも多量に含まれていて，肺癌発症の大きな要因の一つと考えられている．過酸化脂質は，細胞膜を形成している脂質が活性酸素によって過酸化されて生じたものである．したがって，活性酸素が作り出した活性酸素ということになるが，過酸化脂質は連鎖反応的に脂質を過酸化していくことが知られている．

　活性酸素は生体に障害を及ぼすだけでなく，生体の生存にとっても非常に重要な働きをしている．生体は免疫機能があって，外部から侵入してきた病原菌や異物に対しては，これらを排除しようとする防御機構が作動するのである．その中心となるのは白血球であるが，白血球が異物を排除するのに使用する武器が活性酸素なのである．

表1.9　活性酸素種

	名　称	記号	
狭義の活性酸素種	スーパーオキシド	O_2^-	フリーラジカル
	ヒドロキシルラジカル	OH	フリーラジカル
	一重項酸素	$^3O_2$	
	過酸化水素	H_2O_2	
広義の活性酸素種	一酸化窒素	NO	フリーラジカル
	二酸化窒素	NO_2	フリーラジカル
	オゾン	O_3	
	過酸化脂質	$LOOH$	
	次亜塩素酸	$HOCl$	

(2) 活性酸素による障害

われわれは呼吸によって酸素を身体に取り入れて生きているので，活性酸素の発生から逃れることはできない．呼吸で取り入れた酸素の約2％は活性酸素になるといわれている．通常は後述する生体の防御機構が働いているので，呼吸によって発生した活性酸素については問題になることはない．しかし，次のような場合には多量の活性酸素が局部的に発生する[24]．

・酸素消費量が増加したとき
・放射線や太陽紫外線へ曝露したとき
・超音波にさらされたとき
・汚染した空気を吸ったとき
・喫煙
・飲酒
・過度の炎症
・高血圧
・虚血とその後の潅流

活性酸素が生体内で処理できないほど発生すると，生体にさまざまな障害が起こる可能性がある．その病変の多くは生体膜障害に起因する場合が多い．生体膜とは，細胞膜，赤血球膜，細胞内顆粒膜など，さまざまな機能を有している脂質二重層の総称である．活性酸素による生体膜障害は，活性酸素が脂質以外の膜構

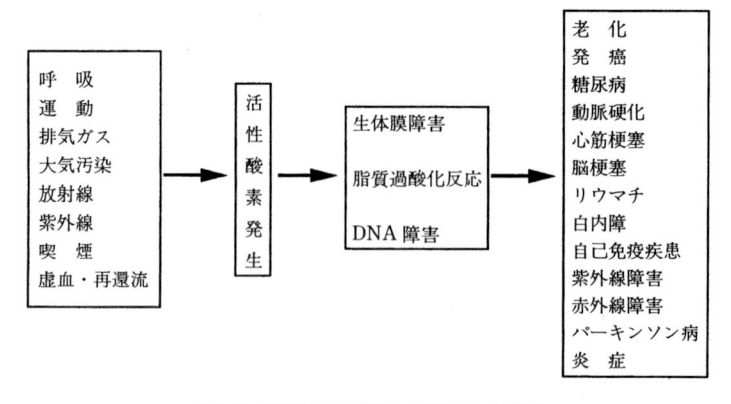

図1.9 活性酸素の発生と関連した疾病等

成成分に直接作用して膜のもつ機能を劣化させる場合と，活性酸素によって生じた過酸化脂質が膜の機能を低下させる場合とが考えられている[27]．図1.9は活性酸素とこれと関連している疾病を示している．活性酸素は生活習慣病や癌とのかかわりが深いだけでなく，老化をもたらす主要因の一つとも考えられている．活性酸素による障害のなかで，ここでは癌と老化をとりあげることにする．

呼吸により生成した活性酸素が生体内で処理されずに，長年にわたってDNAに障害を与え続け，その結果細胞癌化をもたらす可能性が示されている[28]．さらに，脂肪摂取量と喫煙は癌発生ときわめて高い相関があることが確かめられている．脂肪では特に脂質過酸化の役割が重要視されている．活性酸素による過酸化で生成される過酸化脂質には発癌性があり，過酸化脂質は生体内で常に生じていることから発癌の原因になる可能性が高いことが指摘されている．タバコのなかには30～40種類の発癌物質が含まれているが，その量はきわめて微量であり，タバコによる発癌はこれらの物質によるものとは考えにくい．前述のように，タバコの煙には一酸化窒素が多量に含まれており，さらに過酸化水素や一重項酸素なども検出されている[29]．現在ではこれらの活性酸素がDNA障害を発症させ発癌するものと考えられている．

ところで，赤ちゃんの肌はやわらかくつややかである．それが加齢とともに肌はみずみずしさを失い，弾力性や柔軟性が低下していく．これは皮膚の主な成分であるコラーゲンの老化現象と考えられている．コラーゲンは皮膚，軟骨，腱などの結合組織に多く含まれるタンパク質の一種で，体内では線維の状態で存在している．コラーゲン分子はアミノ酸がつながった鎖3本でできており，この分子がクロスリンクというものでお互いにつながり合いコラーゲン線維を形成している．このクロスリンクと加齢に伴う皮膚の変化が関係しているのである．クロスリンク増加説やクロスリンクの構成物の変化などいくつかの説はあるが，最近注目を集めているのが活性酸素との関連である．活性酸素によりコラーゲンが酸化され，その結果クロスリンクが増加することによって，皮膚の老化が起こるのである．コラーゲンは皮膚だけでなく，いろいろな結合組織，角膜，腎臓などを構成しているために，コラーゲンの老化は生体全体の老化とのかかわりが深いのである．

活性酸素と老化との関係において，最も注目されているのが脂質の過酸化であ

る．老化に従って体内の過酸化脂質は増加する．特に，老化と関係が深いとされているリポフスチン（老化色素）との関係が深いのである．リポフスチンはミトコンドリアの膜などに含まれる多価飽和脂肪酸が活性酸素により過酸化脂質となり，これがタンパク質とともに生成されたものである．リポフスチンは生後細胞分裂することがない脳の神経細胞や心筋細胞では，加齢に伴いほぼ直線的に増加していく．このようなリポフスチンが細胞の機能にどのような影響を与えているのか明らかになっていないが，加齢に伴い細胞内で占める空間が増加していくわけであるから，リポフスチン直接の作用はなくても細胞の機能が障害を受けることは間違いない．老年病であるアルツハイマー型痴呆症やパーキンソン病なども活性酸素と関連があることが指摘されている．

(3) 活性酸素に対する防御機構

疾病や老化との関連からわかるように，活性酸素の毒性はとてつもなく強い．しかし，体内で存在している時間は短く（たとえば一重項酸素は 6〜10 秒），また生体の防御機構のために通常の状態では活性酸素の酸化作用が問題となることはない．

生体の防御機構は大きく酵素と抗酸化物質の二つに分けることができる（表 1.10）．酵素のうち，スーパーオキシドジスムターゼ (SOD) はスーパーオキシドを消去する酵素である．生体内で生成される活性酸素の多くはスーパーオキシドに関係していることから，SOD は活性酸素に対する抗酸化作用の中心的な役割を果たしていることになる．SOD はすべての哺乳動物に存在する金属酵素であり，肝臓や赤血球中に多く含まれている．いろいろな動物の最長寿命を調べてみると，最長寿命が長いほど基礎代謝率当たりの SOD 活性は高いのである[30]．この

表 1.10 活性酸素防御系

酵　　素	抗酸化物質
スーパーオキシドジスムターゼ (SOD)	β-カロチン
グルタチオンペルオキシダーゼ	ビタミン B_2
カタラーゼ	ビタミン C
グルタチオン	ビタミン E
	尿酸
	メラトニン

ことは，抗酸化作用にすぐれていれば長生きできることを示している．また，SOD活性は加齢に伴い低下することが知られており，特に40歳を過ぎる頃からの低下は著しい．

グルタチオンペルオキシダーゼは肝臓に大量に存在し，過酸化物を還元し水酸化物を生じる反応の触媒として作用している．その作用は過酸化水素の還元だけでなく，過酸化脂質などにも作用し，組織の酸化から防御する重要な役割がある．カタラーゼも過酸化水素の消去に関与している酵素であり，主に赤血球，肝臓，腎臓に存在している．またグルタチオンは，過酸化物を還元したり，フリーラジカルと直接反応することにより抗酸化作用を発揮する．グルタチオンは全臓器の細胞内，特に細胞質やミトコンドリアに多く存在している．

ビタミン類では，特にビタミンCとビタミンEが抗酸化作用という観点からは重要である．ビタミンCは水溶性ビタミンであり，ヒトでは体内で合成されることができないので，食物等から供給されなければならない．ビタミンCには多くの生理機能がある．たとえば，コラーゲンや胆汁酸合成には不可欠であり，また抗癌作用もある．ビタミンCはフリーラジカルに電子を与えて捕捉消去することができる．また，スーパーオキシドに対してはきわめて速い速度で消去作用を発揮するが，ヒドロキシルラジカルについてはこの酸化作用の反応速度が速いため，ビタミンCも捕捉剤として作用することはない．

生体内でのビタミンEはビタミンA，カロチン，脂肪などの酸化を防止するという抗酸化作用に由来する生理作用を有している．ビタミンEは脂溶性であり，細胞膜脂質などに存在している．活性酸素が細胞膜に作用すると膜の脂質過酸化反応は起こるが，ビタミンEはこの反応を止める作用がある．ビタミンEは活性酸素を捕捉する際，自らも分解してしまうが，ビタミンCがあれば再生することができる．

尿酸は窒素代謝の主要な最終生成物である．尿酸が血液中に多くなると，結晶化し関節液中に析出することによって激しい痛みを伴うことになる(痛風)．尿酸は痛風の原因の一つとして，生体にとってはやっかいな物質であると考えられてきた．しかし，尿酸にはフリーラジカルを消去するという抗酸化作用があることから，決して無用な物質ではないことが明らかとなってきた．ビタミンC，ビタミンEおよび尿酸などを体内に多く保有している動物ほど長生きしているこ

とが知られている．

　β-カロチンは緑黄色野菜に多く含まれる物質である．β-カロチンには一重項酸素やフリーラジカルを消去する抗酸化作用がある．最近の研究によると，生体内の β-カロチン保有量が多いほど発癌率が低く，健康食品として注目されている物質の一つである．

(4) スポーツと活性酸素

　運動をすると，酸素摂取量が急激に増加し，同時に体温が上昇する．呼吸から得られた酸素の約2％は活性酸素になることから，運動時には多量の活性酸素が発生することになる．運動時における活性酸素生成機構には次の二つが考えられている．一つは，95％以上の酸素が消費されるミトコンドリア内でのATP合成過程であり，このときスーパーオキシドが生成されるのである．もう一つの機構は虚血と潅流によるスーパーオキシドの生成である．運動時には，血液は主に骨格筋へ供給され，肝臓，腎臓，腸管への血液配分は低下する．血液分布は運動後には再配分され，内臓への血流が増加する．この虚血および再潅流のときに活性酸素が発生するのである．さらに，活性酸素は体温上昇により発生しやすくなるために，運動中の活性酸素の生成には一層拍車がかかることになる．

　運動による活性酸素発生に関しては不明な点が多い．しかし，動物実験では疲労困憊させるほどの強い強度の運動であれば，筋肉内の過酸化脂質が増加することが示されている．人の場合，マラソン後に血液中の過酸化脂質が上昇したとする報告もあるが，ハーフマラソンではその前後に過酸化脂質の変化がなかったとする研究もあり，必ずしも一致した見解は得られていない．しかしながら，トレーニングした人では，運動後血液中の過酸化脂質が低下したという報告もある[31]．運動すると活性酸素が生じるために，運動は身体に悪いとする研究者もいるが，この研究結果は適度なトレーニングを行うことによって，活性酸素障害を予防することができることを示唆する結果である．

　ビタミンEについては，運動時の酸化作用に対する防御剤として注目されている．運動前にビタミンEが投与されると，生体内で過酸化作用が抑制されることや，持久力が高まることが確認されている．さらに，ラットにビタミンEが添加された餌を4週間与えると，通常食飼育群と比較して運動直後の血中過酸

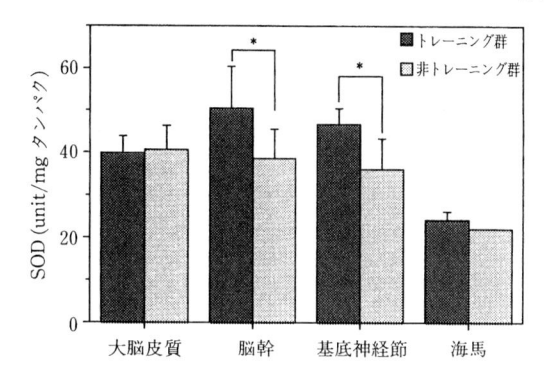

図 1.10 SOD 活性に及ぼすトレーニングの影響（文献 33）より作図）

化脂質の増加は有意に抑制されたのである[32]。このときのビタミン E レベルは，ビタミン E 添加食群で有意に低下したのに対し，通常食群ではほとんど変化しなかった．この結果は，運動時にはビタミン E が抗酸化剤として使われているが，そのためには運動前にある程度のレベルまでビタミン E が上昇していなければならないことを意味している．

　トレーニングにより SOD 活性が高まるとする研究報告がある．図 1.10 はラットの脳の SOD 活性を運動トレーニングの前後で比較したものである[33]．SOD 活性はトレーニングにより脳幹や基底神経節で有意な増加を示している．脳に限らず，骨格筋などの SOD 濃度や活性は身体トレーニングにより亢進するようである．また，グルタチオンペルオキシダーゼもトレーニングにより活性が上昇することが指摘されている．しかしながら，トレーニング強度や継続時間などによってこれら酵素の活性は変化しており，詳細については不明な点が多い．なお，カタラーゼについてはトレーニングによる活性の変化は認められていない．

　激しいスポーツをした後に，しばしば筋肉や関節などが痛むことがある．特定の部位を酷使したりするのが原因であるが，場合によっては炎症が起こるときがある．炎症が起きると，その部位に白血球が集まってきて活性酸素を作り出すのである．スポーツ終了後には，特に酷使した部位を冷却するようになった．たとえば，野球のピッチャーが登板後に，肩と肘を中心にアイシングしている姿はテレビを通してよく見かける光景である．冷やすことによって，炎症を抑えるのが

第一の目的であろうが，冷却することにより活性酸素の発生を抑える作用もあると考えられている．活性酸素は高温下で発生しやすいために，運動後冷却することは活性酸素の観点からも理にかなっているのである[24]．

1.5 スポーツと健康

　一般に，スポーツは健康にとって好ましい結果をもたらすものと考えられている．しかし，ひとくちにスポーツといっても，数多くの種類があるうえに，スポーツの強度，実施時間・頻度など多くの要素がある．あまりにも強度が強すぎたり，時間が長すぎたりすると，かえって健康障害をもたらす場合もある．また，スポーツを実施する人間側も，年齢，体力の強弱，性別などの要因があり，同じスポーツを行うにしても，実施する人によって強度が強すぎる場合もある．実施する人に適したスポーツ種目，強度，時間，頻度等であれば，健康にとってスポーツは効果的であるといえるのである．

　スポーツは，大きく競技スポーツとレクリエーショナルスポーツに分けることができる．前者は競技で勝利することを目的としており，激しいトレーニングを重ね，自己の限界に挑戦するスポーツである．身体を酷使するために，常にスポーツ外傷・障害の危険性をはらんでいる．各スポーツ種目の一流選手のみならず，大学でクラブ活動に従事している学生においても，怪我に悩まされている選手は少なくない．

　一方，レクリエーショナルスポーツはスポーツを楽しんだり，健康・体力づくりを目的としたスポーツである．レクリエーショナルスポーツには学校スポーツ，市民スポーツ，病気の治療・社会復帰を目的としたリハビリテーションも含まれる．レクリエーショナルスポーツは競技スポーツと比較すると，運動強度ははるかに軽く，日常のトレーニングもそれほど激しいものではない．しかし，スポーツにより怪我をしたり，場合によっては循環器系の障害のために突然死を起こすこともある．

　運動を継続して行うと，呼吸・循環系の改善や筋力が増強されることにより，体力の向上が認められ健康へとつながる．さらに，ストレス解消，爽快感といった心理的効果も期待される．しかし，スポーツには身体にとってよい効果だけで

なく，弊害も併せ持っていることを忘れてはならない．

(1) スポーツの生理・心理的効果

スポーツを継続して行うと，さまざまな生理的適応現象が体内で起こり，体力の改善につながることになる．健康の保持・増進のために実施することが推奨されている運動は，歩行，ジョギング，水泳などの有酸素運動である．有酸素運動は特に呼吸・循環系の改善を目的としている．表1.11には，有酸素運動の特徴と呼吸・循環器系に対する主な効果を示している．

有酸素運動能力の指標として広く使われているのは最大酸素摂取量である．最大酸素摂取量の測定は，通常軽い運動負荷から始めて，徐々に負荷を増やしていき，運動を続けることができなくなるところまで運動させるのである．最大酸素摂取量は，そのときの最大となる酸素摂取量のことである．有酸素トレーニングを続けるとこの値が高くなり，逆に運動をしなくなると低下する．最大酸素摂取量が測定される時点では，筋肉系，呼吸系，循環系など運動に関係した器官が最大機能を発揮していて，最大酸素摂取量は全身持久力の指標としては最適なのである．

Saltinら[34]は5名の被験者にベッドで寝たきりの生活を3週間させ，最大酸素摂取量の変化を観察した．身体をまったく動かさない状態では最大酸素摂取量の低下は著しく，被験者の最大酸素摂取量はいずれも20～30％低下した．この低下は心拍出量の低下が主な原因だと考えられている．この実験の終了後に，持久性のトレーニングを実施したところ，全員ベッド安静実験前の最大酸素摂取量のレベルあるいはそれ以上の高い値を示したのである．有酸素能力は身体を活発に活動させるほど改善される．

表1.11 有酸素運動の特徴と呼吸・循環系に対する効果

特　徴	効　果
1. 長時間続けられる	1. 心臓の大きさや重量が増加する
2. 乳酸が蓄積しない	2. 一回拍出量が増加する
3. 心臓・血管系に無理のない刺激を与える	3. 血圧が改善される
4. 消費カロリーを多くすることができる	4. 血清脂質が改善される
5. 無酸素運動と比べて安全性が高い	5. 線維素溶解能が改善される
6. 脂肪の消費が多い	6. 最大酸素摂取量が増加する

有酸素運動により，心臓の大きさや重量が増加し，同時に収縮力も増加する．その結果，一回拍出量が増加することになる．安静時の心拍数は一般成人で70～80拍/分である．ところが持久力にすぐれた人の場合，一回拍出量が多いために安静時の心拍数は一般の人よりかなり低く，40拍/分前後にまで低下する人もいる．一般に最大心拍数はトレーニングの程度に関係なく，およそ(220—年齢)である．最大心拍数と安静時心拍数の差は，心臓が作業をしうる循環系の能力と見なすことができる．したがって，安静時の心拍数が低いことは心臓の予備力がすぐれていることを意味しているのである．また，最大酸素摂取量は最大心拍出量と密接な関連があり，心臓の収縮力増加による一回拍出量の増加は，有酸素能力の重要な因子の一つとなっている．

スポーツは人の心理面にもよい効果を及ぼすことが知られている．スポーツを楽しんだ後爽快な気分になることは誰しもが経験することである．こういった気分の調査法として，よく使用される方法の一つにPOMSがある．POMSとはprofile of mood statesの略であり，McNairら[35]により開発された気分検査法である．POMSは緊張(tension)，抑鬱(depression)，怒り(anger)，活力(vigor)，疲労(fatigue)，および混乱(confusion)の六つの気分尺度を求めるために，65の形容詞からなる質問項目によって構成されている．POMSは妥当性や信頼性が確かめられており，スポーツの心理的効果の研究にはしばしば用いられる方法である．

図1.11は，脊髄を損傷したために車椅子生活を送っている人たちを対象とし

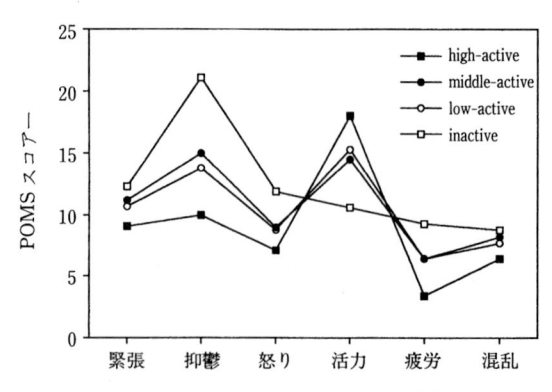

図1.11 脊髄損傷者における運動の心理的効果[36]

た POMS の結果である[36]．運動を行っている頻度によって，活発に行っている群 (high-active) からまったく運動を行っていない群 (inactive) まで四つのグループに分類した．まったく運動を行っていない群では抑鬱が最大を示したのに対し，活力は低くなっている．活力がこのように低い値を示した場合は鏡像型 (mirror image) といい，精神状態は不良と判定される．一方，運動を行っている群はいずれも活力が高く，その他の項目は低い値となっている．この傾向は，運動を活発に行っている群で特に著しい．このパターンは氷山型 (iceberg) と呼ばれていて，精神状態が良好と判断することができる．これらの結果は，スポーツをすることによって精神的な健康を維持できることを示している．

(2) スポーツ外傷・障害

整形外科的にはスポーツ外傷 (sport injury) とスポーツ障害 (sport disorder) は区別されている．前者は1回の強い力によって生じた生体の異常であり，捻挫，骨折，打撲などのことである．一方，後者は1回の外力の大きさは比較的小さいが，同じ部位に繰り返し何回も外力が作用したために起こる諸症状のことである．しかし，実際のスポーツの現場では両者を区別することは困難な場合もあり，両者をまとめてスポーツ外傷と呼ぶことが多い．

図 1.12 はスポーツ外傷発生頻度をスポーツ安全協会の資料から作成したものである[37]．スポーツ外傷のなかで最も多いのが捻挫である．捻挫とは，関節に無理な外力が作用したときに，関節を構成している靭帯，関節包あるいは滑膜に損

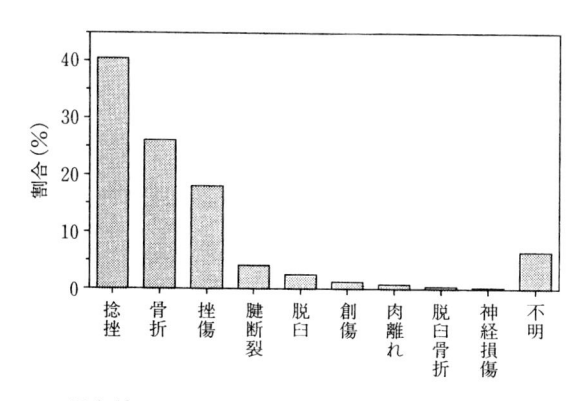

図 1.12 スポーツ外傷の発生頻度 (文献 37) より作図)

傷が生じることである．捻挫は損傷の程度により3段階に分けられている．アメリカ医学協会(American Medical Association)[38]の分類に基づいて分類すると次のようになる[39]．

　第1度の捻挫：靭帯の線維の小損傷であり，疼痛は軽く，機能障害も少なく，圧痛は軽く，腫脹はあっても少ない．出血も少なく，不安定性は見られない．

　第2度の捻挫：靭帯の部分断裂であり，疼痛，圧痛，腫脹，出血など第1度よりは明らかであり，機能障害もある．不安定性も軽度あるいは中等度見られる．

　第3度の捻挫：靭帯の完全断列であり，疼痛，圧痛，腫脹，出血などのほか不安定性が明らかに見られるのが特徴である．

捻挫を生じやすい部位は足関節であり，手指部，膝部がこれに続く．ある調査では足関節の捻挫は全体の約30％であり，手指部と膝部の捻挫をあわせると，全体の約70％にものぼっている．足関節の捻挫は大きく，外反捻挫と内反捻挫の二つに分けることができる．外反捻挫は外ひねりによって生じ，足首の内側の三角靭帯が損傷される(図1.13右)．一方，内反捻挫は内ひねりによって生じるもので，発生率は外反捻挫の5倍以上である．内反捻挫では多くの場合，足関節の外側にある前距腓靭帯が損傷される(図1.13左)．さらに，強い力が働くと，前距腓靭帯が断裂した後に踵腓靭帯が断裂することになる．

手指部の捻挫はいわゆる突き指が多い．突き指をすると，その指を引っ張って治療していることがある．捻挫は靭帯の損傷であるから，引っ張ることによりさらに症状を悪化させることになりかねない．膝の捻挫は前十字靭帯，外側側副靭

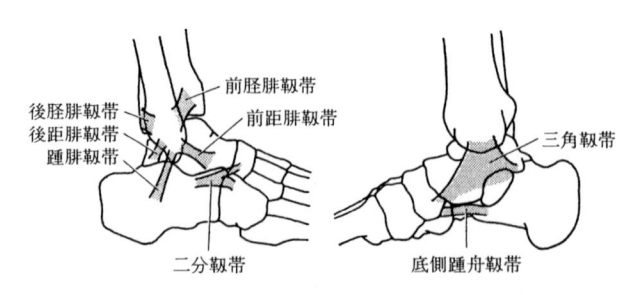

図1.13　足根部の靭帯(左：外側面，右：内側面)

帯などに多い．外来患者あるいは入院患者で最も多い外傷・障害部位は膝関節である．特に，女子の膝関節の外傷・障害が著しく，ジャンプをする機会が多いバスケットボールやバレーボールなどの選手に多発している．女子では男子より靭帯が短いうえに，靭帯そのものの強度が弱いのが原因だと考えられている．

　出血を伴わない外傷(挫傷)では，RICE処置と呼ばれる救急処置が行われる．Rは安静restを意味している．どんな小さな傷であっても必ず安静を保たなければならない．Iは冷却icingであり，冷却することにより患部の毛細血管を収縮させ，出血を抑えて腫脹を防止するのである．Cは圧迫compressionであり，患部を包帯などで圧迫し，内出血を抑えるのである．最後のEは挙上elevationである．患部を心臓より高く上げて，血流の静脈環流を増加させ，患部の腫脹を防ぐのである．このように患部の内出血を抑え腫脹ができないように処置しなければならない．内出血が生じると，その血液が自然に消去するまでには数日から数週間必要となり，治癒するまで時間がかかってしまうのである．

　スポーツ障害は一種の過使用症候群あるいは使いすぎ症候群(overuse syndrome)である．主な過使用症候群を表1.12に示している．このうちテニス肘はテニスを始めた中高年によく見られる過使用症候群の一つである．テニス肘にはバックハンドテニス肘とフォアハンドテニス肘がある．前者は上腕骨外上顆炎のことで，テニスの初心者，女性，中高年に多く見られる．当初の症状はバックハンドでボールを打つと痛みを感じるだけであるが，悪化するとフォアハンドで

表1.12　代表的な過使用症候群とその症状

	名　称	症　状
上　肢	水泳肩	水泳選手の肩の痛み
	野球肩	投手の肩の痛み
	野球肘	投手の肘の痛み
	バックハンドテニス肘	テニスプレーヤーの肘の痛み
	フォアハンドテニス肘	テニスプレーヤーの肘の痛み
	ゴルフ肘	ゴルフプレーヤーの肘の痛み
下　肢	平泳ぎ膝	水泳選手の膝関節痛
	ランナー膝	ランナーの膝の痛み
	ジャンパー膝	バレーボール選手などの膝の痛み
	オスグッド病	中学生男子に多い膝の痛み
	シン・スプリント	ランナーの下腿前面の痛み
	フットボール・アンクル	サッカー選手の足首の痛み

のストロークだけでなく日常生活にも支障をきたすようになる．フォアハンドテニス肘は上級者に見られる障害であって，上腕骨内上顆炎が主たる症状である．

　子供たちのスポーツ障害としてしばしば観察されるのがオスグッド病である．特に10〜15歳くらいの男子を中心として，最近ではサッカー少年に多く見られる．オスグッド病は，膝蓋靭帯の付着部である脛骨粗面の骨突起の圧痛，運動痛，腫脹などを主訴とするものである．ランニングやジャンプすることにより脛骨粗面に負荷がかかり，靭帯付着部の軟骨が突出するのである．発育期における骨の成長と筋・腱の成長の不調和が根底にあると考えられている．成長してくると，突出した軟骨はそのまま固くなり容易に触診することができる．

　スポーツ障害が生じたときは，完全に直るまでスポーツをすべきではない．また，入浴した後などにマッサージやストレッチングを行うと効果的である．ストレッチングは筋緊張を和らげ，血液循環を促進させる効果がある．

(3)　スポーツ中の熱中症

　生体は，環境が変わっても内部環境を一定に保つように調整機構が作動する（ホメオスタシス，恒常性維持）．たとえば，ヒトが暑熱環境下に曝露されると体内温（核温）が上昇するが，生体は核温の上昇が生じないように調節するのである．まず皮膚血管が拡張し，皮膚血流量を増加させる．血液は体内の熱を皮膚へ運ぶことによって，皮膚を通して熱を外界に放散させるのである．しかしながら，この調節には限界があるので，さらに体温が上昇すると次の調節機構である発汗が起こることになる．

　汗は1gの蒸発で0.58 kcalの熱を奪うことができる．仮に汗を100 gかいて，これらがすべて蒸発したとすると58 kcalの熱を放散することができる．人間の比熱（体重1g当たり1℃上昇させるのに要する熱量）は0.83 calであるから58÷0.83＝70となり，100 gの汗によって体重70 kgのヒトの体温を1℃も低下させることができる．100 gの汗は，炎天下で数分間運動することによって出る量である．このように汗は体温を低下させる非常に有効な生理機能である．ちなみに，暑熱環境下における運動時の最大発汗量は1時間に1〜1.5 l，1日で7〜10 l，発汗の限界は体重の10％程度だといわれている．

　時々，暑い時期に行われるマラソンがテレビ放映されている．そのなかで意識

表1.13 各熱中症の特徴

	熱痙攣	熱疲労	熱射病
原因	塩分欠乏	水分欠乏	温熱中枢異常
発汗	存続	存続	停止
症状	随意筋の有痛性痙攣 体温正常 頻脈 皮膚は暖かく，湿潤	頭痛，めまい，失神 体温軽度上昇 血圧軽度上昇 皮膚は冷たく，湿潤	めまい，痙攣，昏睡 体温著明に上昇 頻脈，血圧下降 皮膚は熱く乾燥
処置	塩分経口投与	冷所安静 食塩水経口投与	緊急の救命措置 ただちに冷却

朦朧としてゴールする選手の姿が映し出されたことが幾度かある．症状がひどい選手になると真っ直ぐ進むことができないほどである．マラソン競技の過酷さと暑熱ストレスが重なって，選手を疲労困憊に追い込んだものと考えられる．暑熱環境下で運動をすると多量の汗をかくが，この状態が長時間続くと生体にはさまざまな異常が生じ，その結果熱中症 (heat attack) と呼ばれる症状を引き起こす．

熱中症は症状の軽いほうから，熱痙攣 (heat cramp)，熱疲労 (heat exhaustion) および熱射病 (heat stroke) に分けられている (表1.13)．熱痙攣は多量の発汗をした際，水分だけを補給したときに発症する．随意筋の有痛性痙攣が主訴であり，脱力感，頭痛，めまい，吐き気，腹痛などの症状を伴う．熱疲労は脱水が激しいために，循環血液量が減少し，最後には循環不全に陥る．症状は口渇，疲労，倦怠感，頭痛，めまいなどのほか，興奮，不安などの精神症状が観察される．熱疲労になったら，涼しいところで安静を保ち，食塩水を飲むと回復する．

熱痙攣と熱疲労はどちらも発汗機能は存続しているために，著しい体温上昇が起こることはない．しかし，熱射病では発汗機能が停止しているために，皮膚は熱く乾燥し，体温は著明な上昇を示すようになる．発汗が起こらなくなったのは，汗をかきすぎたことにより汗腺が疲労したためだと考えられている．熱射病になると体温調節中枢の機能が傷害され，その結果体温のサーカディアンリズムが消失し，解熱剤にも反応しなくなる．症状が進行すると，衰弱，めまい，意識障害などが現れ，昏睡状態になることもある．死亡率が高いために，緊急の救命措置が必要で，冷水に入れて体温を冷やさなければならない．

このように，夏の炎天下でのスポーツは水分や塩分補給に十分注意する必要が

ある．汗をかいたときに水分だけを補給すると，細胞外の浸透圧が低下し，相対的に細胞内の浸透圧が上昇することになる．その結果，ひどいときには肺水腫や脳水腫などを発症することがある．汗を多量にかいたときは水分と塩分を同時に補給することが重要である．

(4) スポーツ中の突然死

ゴルフは高齢者でも楽しむことができる比較的運動負荷が軽いスポーツである．しかし，ゴルフのプレー中に突然亡くなってしまう人は少なくない．特にティーショットとグリーン上でのパットなど，過度の精神的緊張状態のときに多いことが指摘されている．また，ゴルフだけでなくジョギング中の急死もしばしば報告されている．

突然死とは，ある病気が次第に悪化して，ある日突然死亡するような場合ではない．通常は急変後1時間以内の死亡を指すが，24時間以内を含める場合もある．世界保健機構(WHO)では6時間以内を突然死と規定している．スポーツ中の突然死は中高年に多いのであるが，活発に運動クラブで活躍している十代であっても起こりうる．

図1.14はスポーツ実施中の突然死の死因についての調査結果である[40]．心筋梗塞や狭心症などの虚血性心疾患が圧倒的に多く，次に悪性の不整脈などによる心臓死，心臓のポンプとしての機能が急激に悪化する心不全と続いている．つま

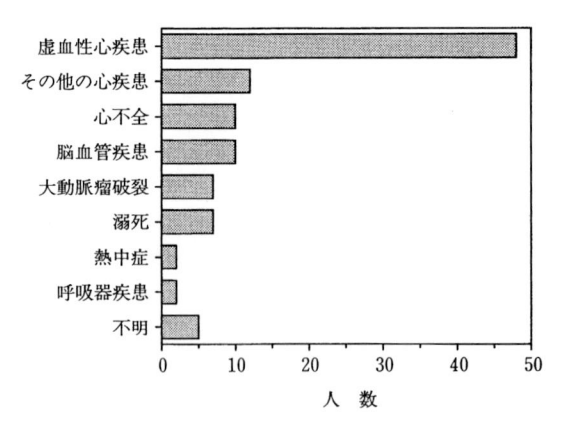

図1.14 スポーツ中の突然死の死因（文献40）より作図）

り，心臓病による突然死が圧倒的に多く，この調査では実に約7割を占めていた．さらに，脳血管疾患と大動脈瘤破裂を加えた循環器系の突然死は85％にも及んでいる．

坂本[41]は国内外の突然死の資料の分析から，突然死の特徴を次のようにまとめている．① 中高年の男性に多い，② 中高年者では圧倒的に心筋梗塞が多い，③ 若年者では肥大型心筋症あるいは左冠動脈起始異常が多い，および ④ 年齢にかかわらずほとんどの突然死の原因は循環器疾患，である．

突然死の発生は7月，8月の夏季および10月に多い．夏は気温が高いために，生体にはスポーツによる負担に加え暑熱ストレスが作用するためだと考えられる．さらに，水泳中の溺死も夏に多い．種目別に見てみると，39歳以下では突然死が多い順に，ランニング，水泳，サッカー，野球，体操となっている．一方，40〜64歳ではゴルフプレー中の突然死が最も多く，ランニング，水泳，登山，スキーが続いている．65歳以上の高齢者になると，ゲートボール，ゴルフ，ランニング，登山，水泳の順である．ランニングはどの年代でも突然死が多いが，ランニング愛好者が多いことや負荷がそれほど軽い運動ではないことなどが原因であろうと思われる．

突然死を防ぐには，定期的なメディカルチェックを行うのが望ましいのは当然のことである．しかし，医学的な検診を受けたとしても，完全に突然死を防げるわけではない．スポーツ中に突然死を起こした人には何らかの前駆症状があったことが指摘されている[42]．その症状は胸痛，疲労感，胃腸症状，息切れ，耳や頚部の痛み，不快感などの体調不良を訴えていたのである．体調に何らかの異変を感じたら，無理にスポーツを行うべきでないことを示している．

さらに，運動やスポーツをするときの注意事項として次の四つがあげられる．

① 食後の運動はやめる —— 食後は消化器に血液が集まっており，循環不全が生じる場合がある．

② 早朝は運動しない —— 睡眠中は汗をかいているので，起床時には脱水状態になっていて，血液は濃縮されているのである．このような状態で運動をすると心筋梗塞や脳梗塞を発症しやすくなる．

③ 高温下の運動には注意する —— 高温下で運動すると汗を多量にかき，その結果血液は濃縮され，心筋梗塞や脳梗塞を発症しやすくなる．

④　冬の寒い日の運動には注意する ──── 寒い環境に曝露されると，血管は収縮し脳出血の危険性が高まる．

文　献

1) Aschoff, J. : Circadian rhythms in man : a self-sustained oscillator with an inherent frequency underlies human 24-hour periodicity, Science, 148, pp. 1427～1432, 1965.
2) 三池輝久：フクロウ症候群を克服する，講談社，1997.
3) 佐々木隆：時差ボケ克服への道，時間生物学，佐々木隆・千葉喜彦編，朝倉書店，pp. 239～265, 1978.
4) Kleitman, N. : Sleep and wakefulness, 2nd ed., Univ. Chicago Press, 1963.
5) 堀　忠雄：頭の働きに24時間より短い周期がある，時間生物学，高橋三郎・高橋清久・本間健一編，pp. 112～121, 1990.
6) 林　光緒・堀　忠雄：睡眠不足と日中の眠気，不眠，堀　忠雄編，同朋舎出版，pp. 92～106, 1988.
7) Zulley, J. and Campbell, S. : Napping behavior during "spontaneous internal desynchronization" : Sleep remains in synchrony with body temperature, Human Neurobiology, 4, pp. 123～126, 1985.
8) Hayashi, M., Watanabe, M. and Hori, T. : The effect of a 20 min nap in the midafternoon on mood, performance and EEG activity, Clin. Neurophysi., 110, pp. 272～279, 1999.
9) 香川　綾監修：四訂食品成分表，女子栄養大学出版部，1994.
10) 河田照雄：多価不飽和脂肪酸は健康維持に有効か？, 栄養と運動，伏木　亨・跡見順子・大野秀樹編，杏林書院，pp. 138～139, 1999.
11) 大礒敏雄・鈴江緑衣郎編著：健康・体力づくりの栄養学，大修館書店，pp. 287～294, 1988.
12) 吉田宗弘：ミネラルってなに？，栄養と運動，伏木　亨・跡見順子・大野秀樹編，杏林書院，pp. 24～25, 1999.
13) 今野道勝：栄養と運動と健康，朝倉書店，1982.
14) 古田裕子：スポーツ選手における栄養摂取の実態，体力科学，45, pp. 43～45, 1996.
15) 長嶺晋吉：皮下脂肪厚からの肥満の判定，日本医師会雑誌，68, pp. 919～924, 1972.
16) 田原靖昭・湯川幸一・綱分憲明他：日本人成人女子の皮下脂肪厚3部位和（上腕部，肩甲骨下部および腹部）と年齢からの身体密度推定式の検討，日本公衛誌，42, pp. 84～93, 1995.
17) 田原靖昭・湯川幸一・綱分憲明他：日本人成人男子の皮下脂肪厚3部位和（上腕部，肩甲骨下部および腹部）と年齢からの身体密度推定式の検討，日本公衛誌，42, pp. 950～961,

文　　献

1995.
18) Brožek, J., Grande, F., Anderson, J. T. and Keys, A.: Densitometric analysis of body composition: Revision of some quantitative assumptions, Annals of the New York Academy of Science, 110, pp. 113〜140, 1963.
19) 若菜智香子・今野道勝・大坂哲郎・安永　誠・千綿俊機・増田卓二：肥満と身体活動と食餌摂取量との関係について，体力科学，30, pp. 253〜258, 1981.
20) Barrows, K. and Snook, J.: Effect of a high-protein, very-low calorie diet on resting metabolism, thyroid hormones, and energy expenditure of obese middle-aged women, Am. J. Clin. Nutr., 45, pp. 391〜398, 1987.
21) 片岡洵子・坂本和義・真家和生・高崎裕治・山崎昌廣・菊池和夫：健康と運動の生理，技報堂出版, 1994.
22) 安部　孝・福永哲夫：日本人の体脂肪と筋肉分布，杏林書院, 1995.
23) 安部　孝・板井もりえ・川上泰雄・杉田正明・川原　貴・吉川宏起・福永哲夫：内臓蓄積脂肪に対する有酸素トレーニングと食事管理の効果，体力研究，85, pp. 65〜72, 1994.
24) 加藤邦彦：スポーツは体にわるい，光文社, 1992.
25) 加藤邦彦：運動はからだに悪い―活性酸素と老化促進，体力科学, 43, pp. 25〜26, 1994.
26) 日本栄養・食糧学会監修：フリーラジカルと疾病予防，建帛社, 1997.
27) 八木国夫・中野稔監修：活性酸素, 医歯薬出版, 1987.
28) Totter, J. R.: Spontaneous cancer and its relationship to oxygen metabolism, Proc. Natl. Acad. Sci., 77, pp. 1763〜1767, 1980.
29) Nakayama, T., Kodama, M. and Nagata, C.: Generation of hydrogen peroxide and superoxide anion radical from cigarette smoke, Gann, 75, pp. 95〜98, 1984.
30) Cutler, R. G.: Human longevity and aging: possible role of reactive oxygen species, Ann. NY Acad. Sci., 621, pp. 1〜28, 1991.
31) Viinikka, LVJ and Ylikorkala, O.: Lipid peroxides, prostacyclin and thromboxane A_2 in runners during acute exercise, Med. Sci. Sports Exerc., 16, pp. 275〜277, 1983.
32) 吉川敏一・西村俊一郎・近藤元治：運動と活性酸素，体力科学, 43, pp. 241〜246, 1994.
33) Somani, S. M., Ravi, R. and Rybak, L. P.: Effect of exercise training on antioxidant system in brain regions of rat, Pharmacol. Biochem. Behav., 50, pp. 635〜639, 1995.
34) Saltin, B., Blomqvist, G., Mitchell, J. H., Johnson R. L. Jr., Wildenthal, K. and Chapman, C. B.: Response to exercise after bed rest and after training, Criculation, 38, Suppl. 7, 1968.
35) McNair, D. M., Lorr, M. and Droppleman, L. F.: Manual for Profile of Mood States, Educational and Industrial Testing Service, San Diego, CA, 1971.
36) Muraki, S., Tsunawake, N., Hiramatsu, S. and Yamasaki, M.: The effect of frequency and mode of sports activity on the psychological status in tetraplegics and paraplegics, Spinal Cord, 38, in press, 2000.

37) スポーツ安全協会：スポーツ活動中の障害調査，昭和57年度，7，1985.
38) Watson-Jones, R.: Fractures Joint Injuries, 4th ed., Churchill Livingstone, Edinburgh, 1955.
39) 中嶋寛之：捻挫，スポーツ整形外科学，中嶋寛之編，南江堂，pp. 7～13，1987.
40) 徳留省悟・松尾義裕：運動中の事故の原因と実態―突然死；定義，数，原因，その他，運動中の事故と安全対策―運動指導者マニュアル，村山正博監修，pp. 1～16，1993.
41) 坂本静男：スポーツによる突然死はなぜ起こるか，スポーツでなぜ死ぬの，坂本静男編，メトロポリタン出版，pp. 3～14，1995.
42) Northcote, R. J., Flannigan, C. and Ballantyne, D.: Sudden death and vigorous exercise—a study of 60 deaths associated with squash, Br. Heart J., 55, pp. 198～203, 1986.

第2章 たくましく生きるために

スポーツ競技に勝利するためには，トレーニングにより身体をたくましく鍛え上げることに加えて，スキルの上達が必要である．

第2章　概説

　体力が増強されれば，それだけ疾病等に対する抵抗力がつき，健康の維持・増進につながる．また，競技スポーツを行っている者にとっては，身体を鍛え上げ，さまざまな身体能力を高めることは重要である．さらに，勝負に勝つためには，各スポーツ種目における技術力をも向上させる必要がある．本章では身体をたくましく鍛え上げ，そして技術力向上に必要な基本的事項について解説した．

　スポーツ成績をよくするためには，まずエネルギー供給機構を理解し，その能力を高めることが重要である．エネルギー供給能力は酸素を必要とする有酸素能力，および酸素を必要としない無酸素能力の二つに分けることができる．これらの能力を改善するには，それぞれ適したトレーニング法があり，その方法を理解することによって正しいトレーニングが行えるようになる．トレーニング効果により体力の改善があったとしても，試合に勝てるわけではない．勝つためには運動技術・技能の改善，すなわちスキルの改善が必要になってくる．

　本章ではエネルギー供給機構，トレーニング理論およびスキルを中心に記述している．身体を鍛え上げ，スキルを改善するための基本的知識を身につけられるはずである．

2.1 スポーツとエネルギー

(1) 現代生活におけるスポーツの意義

現代の日本社会の特徴の一つは，日常生活や労働が機械化し，それに伴って身体活動が減少していることである．たとえば，図2.1は高校生の心拍数の変化を1日を通して記録したものである．椅子に座って授業を受けているときの心拍数はほとんど80拍/分程度であり，体育の授業中にだけ心拍数は約160拍/分まで上がっている．健康や体力の維持・向上に効果があるとされる心拍数は，最大心拍数の60％(この生徒の場合138拍/分)である．この例のように，通常の学校生活では心拍数が最大心拍数の60％を超えることはほとんど見られない．サラリーマン等を含む多くの職業，あるいは主婦の日常生活においても，これと同様の傾向が認められる．では，スポーツ等を行って身体活動の水準を週に何度か高めることは必要であろうか．

人類の祖先は約1000万年前に遡るといわれている．この間の生活様式は狩猟，採集，農耕等，身体活動を伴うことがほとんどであり，これらの活動に適した遺伝的形質が1000万年かけて培われてきた．一般庶民が重労働から解放された時期を大正時代と仮定しても，まだ100年を経過していない．1000万年かけ

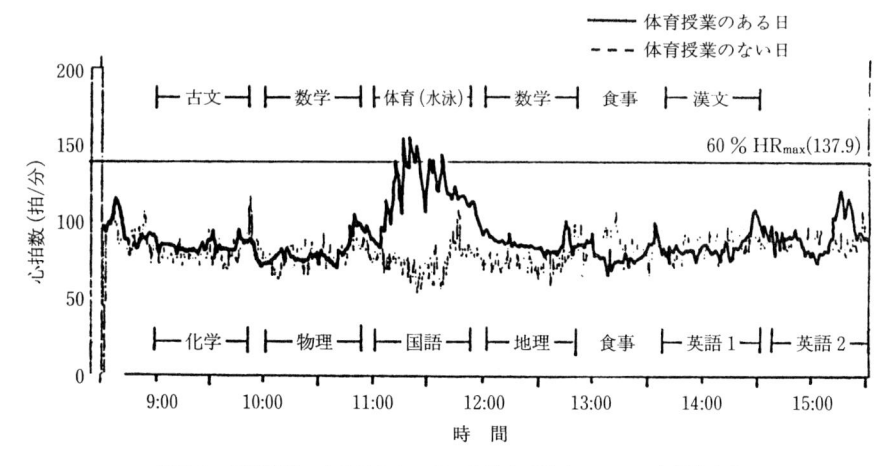

図2.1 体育授業のある日とない日における高校生の1日の心拍数変化

第2章　たくましく生きるために

表2.1　身体活動の生理的・心理的・社会的効用

1. 個人的側面			
1) 生理的	短期的	・血糖値の調節　・カテコラミンの刺激　・睡眠の改善	
	長期的	・体力(持久力，筋力，柔軟性，協応性等)の向上	
2) 心理的	短期的	・緊張からの解放　・ストレスや不安の軽減　・ムードの高揚	
	長期的	・一般的安寧　・精神衛生の改善　・認知能力の向上	
3) 社会的	短期的	・社会的，文化的価値の享受　・新しい交友関係の形成	
	長期的	・社会的，文化的ネットワークの形成　・役割の維持と拡大	
2. 社会的側面		・医療費の減少　・生産性の向上	

　て培われてきた遺伝的形質がわずか100年で急激に変わるほど，われわれの身体は可塑性に富んでいない．このため，身体活動の減少はストレスを増大させ，体力を低下させ，健康を害する大きな要因になっている．

　現代の日本社会において，身体活動を行う目的は多様化している．すなわち，チャンピオンを目指したスポーツ，レクリエーションのために行うスポーツ，あるいは健康づくりの運動と，多くの種類のスポーツや運動がある．目的によって多少の差異はあるが，これらの身体活動の生理的・心理的・社会的効用は表2.1のようにまとめられるであろう．

　脱工業化，情報化が加速されている日本の社会では，身体活動の減少は将来助長されるであろう．その結果，日常生活のなかに意識的にスポーツや身体活動を取り入れて健康と体力の改善を図る必要性は今後ますます増加するであろう．

(2)　スポーツ成績の決定要因

　まず，スポーツの成績や記録がどのような要因によって決まるかを検討しておこう．この点を実験的に検討して，猪飼[1]はそれを次式で表現した(+αは著者が加筆)．

$$P = C \cdot E(M) + \alpha$$

ここで，P は performance (スポーツの成績)，C は cybernetics，E は energy，M は motivation の略である．この式の意味するところは，「意欲(M)によってエネルギーが動員されて，ある力(E)が出る．すると，この力を全身的に総合したもの E を，技術(C)がまとめて，一定の成績となって現れる．これが P で

ある」．すなわち，勝利への意欲が旺盛で，エネルギー供給能力（体力）が大きく，かつ運動技術の洗練された選手によってすぐれた運動成績が達成されるということになる．この式は，日本のスポーツ界で昔から伝えられてきた「心・技・体」の関連性を具体的に示したものである．

しかし近年，宮下[2]は，この式では技術を実際に数量化できないとして，「運動成績＝体力×技術」と表した．

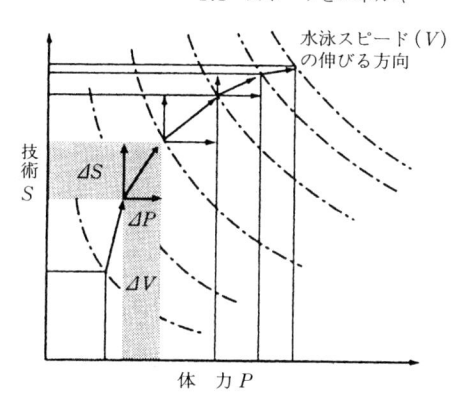

図 2.2 成長に伴う水泳スピードの伸び[2]

ここで「掛け算符号」は割合を算出するものとして扱い，図 2.2 のように，「記録の伸び，$\varDelta V$」は「体力の伸び，$\varDelta P$」の成分と「技術の伸び，$\varDelta S$」の成分に分けることができることを示した．

このように猪飼と宮下とでは体力と技術の関係の表し方に差異はあるが，スポーツの成績に関係する要素として，これら二つの要素が大変重要な位置を占めている．ただし，体力と技術の重要性の度合いは個々のスポーツ種目において異なる．たとえば，水泳では水抵抗の大きい水中で運動が行われるので，技術に劣るとエネルギーの損失が大きくなる．これに比べて走運動では，空気抵抗をほとんど無視できる．したがって，技術の占める割合は走運動より水泳のほうが大きい．さらに，時と場合に応じてさまざまな動作を選択しなければならない球技種目は，同じ動作を何度も繰り返す水泳や走運動より技術の割合が大きい．いくつかの複雑な動作を次々と正確に遂行しなければならない体操競技などは，球技種目より技術の割合がさらに大きい．

以上の要因は身体的側面に限られたものであるが，スポーツの成績には上記以外の要因も関与する．すなわち，前頁の式でいえば，$+\alpha$ が意味するところの要因である．たとえば，野球やバスケットボールなどの球技種目では，戦術も重要な要因となる．美的要素を競うフィギュアスケートやシンクロナイズドスイミングなどの種目では，高い芸術性も要求される．このほか，スポーツ施設・用具の改良もスポーツの成績を向上させるための付加的要素として作用する．

このようにスポーツの成績は多くの要因によって決定される．そして，それらの要因の関与の程度は個々のスポーツ種目に応じて異なるものである．しかし，程度の差はあれ，いずれのスポーツ種目にも共通的に指摘されるのは，技術の改善とともに，エネルギー供給能力（体力）を高めることが，すぐれたスポーツ成績を生み出すための基礎になるという点である．

(3) エネルギー供給機構

日常の身体活動はもちろんのこと，スポーツ活動を含めてわれわれのあらゆる身体活動はすべて筋の収縮によって起こる．そして，この筋の収縮を起こすのがエネルギー供給機構である．したがって，スポーツ活動の源であるエネルギー供給機構を理解しておくことは，運動のしかたやトレーニングの方法を理解するうえで特に重要である．

人のエネルギー供給機構には，大別して二つの機構がある．一つは，酸素をまったく必要としない無酸素性(anaerobic)機構であり，もう一つは呼吸運動によって大気中の酸素を体内に摂取しながら運動を持続する有酸素性(aerobic)機構である．

図2.3にエネルギー供給機構を模式的に示した[3]．筋収縮の唯一の直接的エネルギー源はアデノシン三リン酸(ATP)である．ATPは筋中に貯蔵されている高エネルギーリン酸化合物である．ATPはアデノシン二リン酸(ADP)とリン酸(P)に分解し，このとき筋収縮のエネルギーを放出する．しかし，ATPの体内貯蔵量はごく微量であるので，このエネルギーは1～2秒で枯渇する．したがって，運動を続けるにはATPが何らかの経路で復元されなければならない．

その第一は，クレアチンリン酸(CP)がクレアチン(C)とリン(P)に分解するときに発生するエネルギーを用いる経路である．このエネルギーは運動開始後ただちに動員され，動員速度も体重1kg当たり13cal/秒と非常に大きい．ATPとCPの反応は，無酸素性機構によるものである．またこの反応では乳酸を産生しないので，非乳酸性の反応とも呼ばれる．

無酸素性機構にはもう一つの反応過程がある．これは，グリコーゲンの分解（解糖反応）によるものである．この反応はピルビン酸（焦性ブドウ酸）を経て乳酸を産生するので，乳酸性の反応と呼ばれる．この反応でもADPとPから

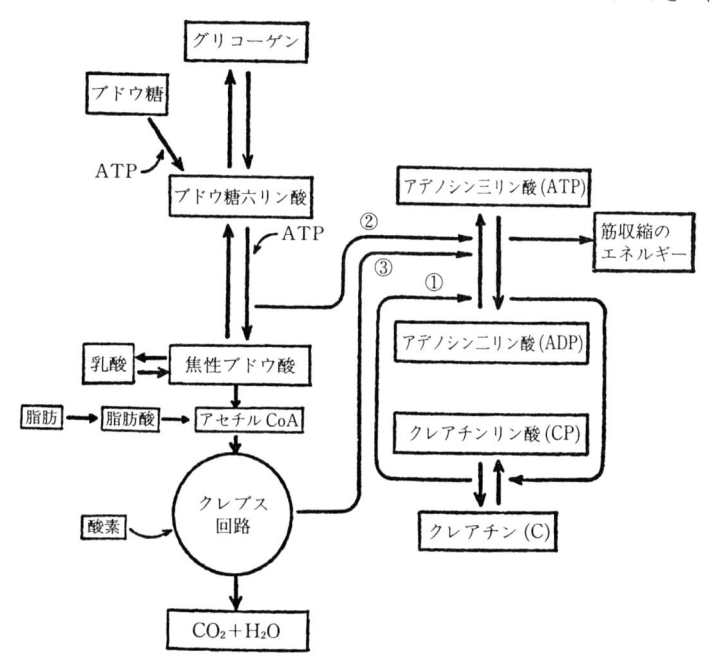

図 2.3 筋収縮におけるエネルギー供給機構[3]

ATP を再合成する．この ATP 再合成の第二経路は CP の分解の次に生じ，その動員速度も体重 1 kg 当たり 7 cal/秒とかなり大きい．

これに対して運動強度が低く，酸素が体内に十分に供給されると，ピルビン酸がクレブス回路を経て水と二酸化炭素に完全分解される．ミトコンドリア内で生じるこの有酸素性の反応でも，多くの ATP が再合成される（第三経路）．有酸素性の反応によるエネルギーの動員は無限大と考えてよいが，その動員速度は体重 1 kg 当たり 3.6 cal/秒と小さい．

これらの三つのエネルギー供給機構は実際には相互に関連し合っている．図 2.4 は，いろいろな時間の運動を最大努力で行った場合，これらの三つの機構がどのような割合で使われるかを示したものである[4]．運動強度が極端に高くて，10 秒以内で終わる 100 m 競走，砲丸投げ，ゴルフとテニスのスイングのような運動では，その主なエネルギー源は非乳酸系である．運動強度は高いが，10 秒から 1 分 30 秒続けられる 200〜400 m 競走，100 m 競泳などの運動では，エネ

(kcal/分)

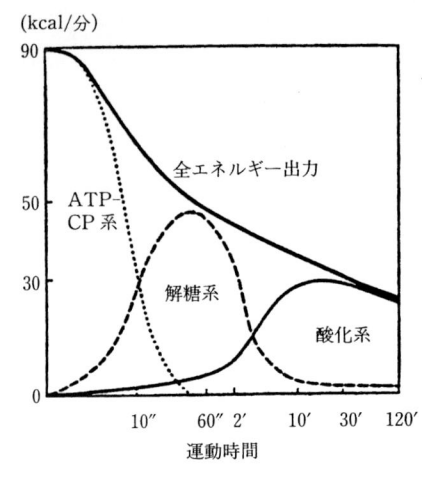

図2.4 いろいろな時間の最大運動時のエネルギー供給機構[4]

ルギー源として主に非乳酸系と乳酸系が動員される．運動強度が中程度で，1分30秒から3分続けられる800〜1500m競走，200〜400m競泳，体操競技，ボクシングなどの運動では，乳酸系と有酸素系が主なエネルギー源となる．運動強度が低く，3分以上続けられるマラソン，1500m競泳，スキー距離競技などの運動では，ほとんどのエネルギーが有酸素系によって供給される．サッカーなどの球技種目では，有酸素運動のなかで短時間の無酸素運動が何度も繰り返される．

(4) 有酸素能力の指標

a. 最大酸素摂取量

筋肉や身体の他の組織で消費される酸素は，酸素摂取量(oxygen uptake, 略して$\dot{V}_{O_2}$)と呼ばれる．酸素摂取量は体内に吸入される酸素量から，体外に呼出される酸素量を差し引くことによって求められる．体内で消費される酸素1lは5kcalに相当する．このため，運動中の酸素摂取量を測定することにより，運動の強さや消費エネルギーを推定できる．

ジョギング等のように比較的軽い強度の運動中に体内で消費される酸素の動態を図2.5に示す[3]．運動を開始すると身体は，その運動で必要な水準の酸素量をいきなり摂取できるわけではなく，酸素摂取量は徐々に増えていく．そして，2〜3分でその運動で必要な量に達し，この状態が持続する(定常状態, steady state)．このため運動の初期に酸素の不足が起こる(酸素不足, oxygen deficit)．この酸素不足は無酸素性エネルギーが使われたために生じたものであり，運動後の回復期に摂取される酸素量(酸素負債, oxygen debt)により償却される．したがって，酸素不足と酸素負債はほぼ等しい(運動後の体温の上昇，呼吸・循環器等の余分な働きのため，実際には酸素負債のほうが酸素不足より若干多くなる)．

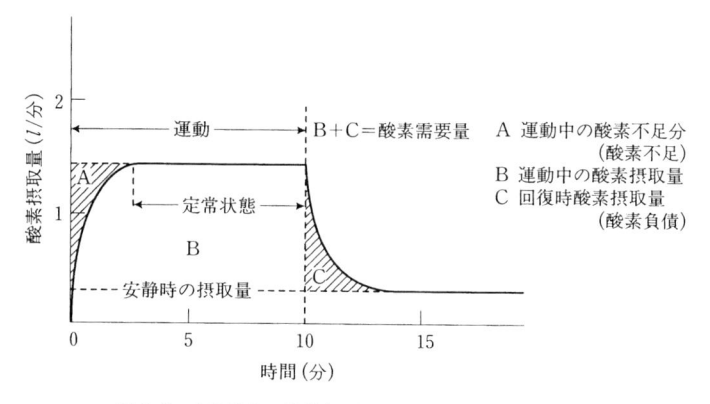

図 2.5 定常状態が発現する運動における酸素摂取動態[3]

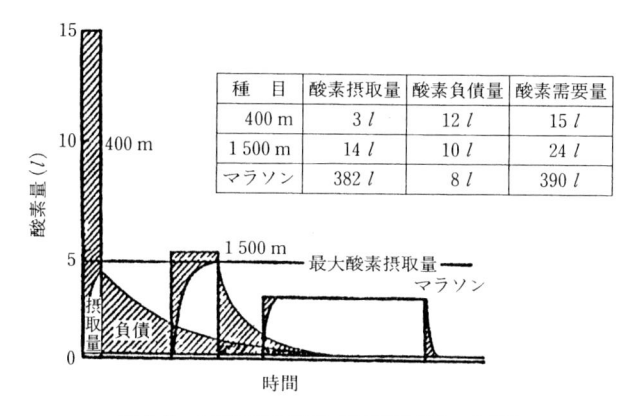

種　目	酸素摂取量	酸素負債量	酸素需要量
400 m	3 l	12 l	15 l
1 500 m	14 l	10 l	24 l
マラソン	382 l	8 l	390 l

図 2.6 各種強度の走行に伴う酸素需給の比較[3]

　また，酸素不足と運動中の酸素摂取量を加えたものが，その運動で必要な酸素量(酸素需要量，oxygen requirement)である．

　次に，各種強度の走運動における酸素の摂取動態を比較したのが図 2.6 である[3]．400 m 走では酸素負債量のほうが大きく，1 500 m 走では酸素負債量と酸素摂取量がほぼ等しく，マラソンでは酸素摂取量のほうがはるかに大きくなる．このように，酸素摂取量の定常状態が発現するのは，5 分以上運動を続けられるような比較的軽強度の運動の場合である．高強度の運動の場合には，無酸素性エネルギーを多量に消費するため筋疲労が蓄積し，定常状態が発現する以前に運動

を続けられなくなる．

　ところで，軽強度の運動から，少しずつ運動の強さを上げていく方法を漸増負荷法と呼ぶ．このような方法で酸素摂取量を測定すると，運動強度に比例して酸素摂取量も増加していく．しかし，運動強度を増加しても酸素摂取量はそれ以上増えなくなり，やがて頭打ちになる．この頭打ちした状態はレベル・オフ (level off) と呼ばれる．そして，このときの値がその人の酸素摂取能力の最大値であり，最大酸素摂取量 (maximal oxygen uptake, 略して $\dot{V}_{O_2 max}$) と呼ばれる．最大酸素摂取量は，最大強度の運動中に酸素摂取量を測定することによって求められる (直接法)．しかし，この方法は苦痛を伴うので，最大下強度の運動中の仕事量や心拍数から推定する方法も考案されている (間接法)．

　最大酸素摂取量は，1分間に消費される酸素量 (l/分) (絶対値) で示される．あるいは，酸素運搬能力を評価する観点からは，体重1 kg 当たりの値 (ml/kg/分) (相対値) で表されることもある．これは，最大酸素摂取量が体重と密接に関係するので，その影響を除去するためである．一流競技者の最大酸素摂取量は一般成人の2倍近くの値を示す．このような顕著な差は，遺伝と持久性トレーニングの両方の影響により生じたものである．最大酸素摂取量に及ぼす1シーズンのトレーニング効果は，絶対値で10〜20％，体重を減少させても20〜40％である．このようなトレーニング効果の限界は遺伝によって規制されたものである．したがって，先天的に大きな最大酸素摂取量をもつ人が優秀な持久性競技者に育つ確率が高い．

　図2.7に示したように，最大酸素摂取量が発現するときには呼吸器系による換気，心臓の拍出量等の循環器系，および筋組織での酸素消費系が連鎖状に働いている[5]．この連鎖のなかの最も弱い部分 (酸素の運搬能力の最も低い部分) が制限因子と呼ばれる．健康な人の呼吸能力は通常十分に余裕があるため制限因子にならない．以前には，循環器系 (特に心臓) が制限因子であると考えられていた．しかし，近年，筋も酸素の消費に重要な役割を果たしていることが明らかになり，循環器系と筋系のどちらが制限因子であるかは現在のところ不明である．いずれにせよ，最大酸素摂取量はこれらの関連機能の総括的指標であり，有酸素性機構により供給されるエネルギーの最大量を示すものである．このため，運動強度は，この値の％で示すことが一般的になっている．

2.1 スポーツとエネルギー

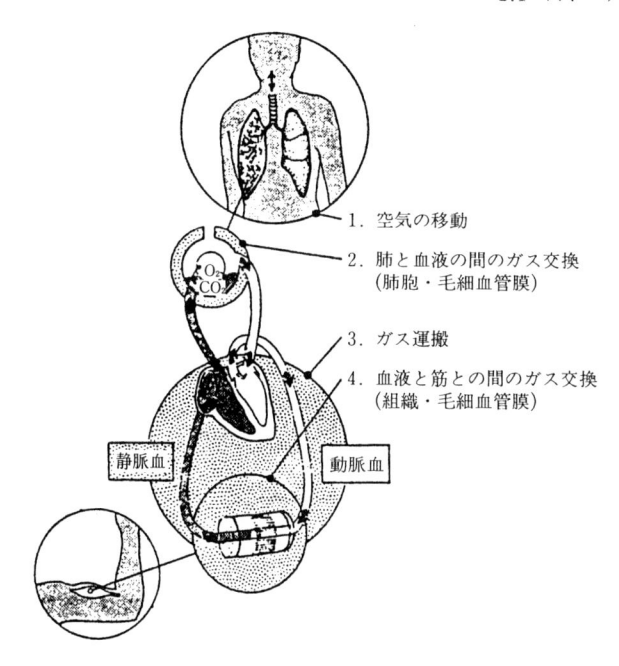

図2.7 筋に酸素が運搬され,筋から二酸化炭素が排出される過程[5]

1. 空気の移動
2. 肺と血液の間のガス交換（肺胞・毛細血管膜）
3. ガス運搬
4. 血液と筋との間のガス交換（組織・毛細血管膜）

静脈血　動脈血

最大酸素摂取量の関連機能は,人が活動し生存していくうえでも重要な役割を担うものであり,これらの機能の低下は生存能力の低下を意味する．近年増加している心臓血管系の病気のリスクファクターの一つが運動不足であり,最大酸素摂取量を高めるような運動は健康上特に有用なものとされている．

このように最大酸素摂取量は運動強度の指標として,またスポーツ選手の持久性能力を示すものとして,さらに一般人の健康度を示すバロメータとして,健康スポーツ科学の分野において大変重要な意義を有するものである．

b. 無酸素性作業閾値

無酸素性作業閾値(anaerobic threshold:AT)は,血液中への乳酸の拡散速度が除去速度を上まわる運動強度として定義される．すなわち,図2.8のように,運動強度を次第に上げていっても,血液中の乳酸はわずかに増加するだけであり,安静値とほぼ変わらない1～2 mmol/lを維持する[6]．しかし,ある点(図2.8の場合は60% $\dot{V}_{O_2 max}$)を境に急激に増加し始める．この点がATを示す運

動強度である．

ATの生理学的意味は，AT以下の運動強度であれば産生された乳酸が片端から除去されてしまうために，いつまでも疲労なしに運動を続けられることである．しかし，ATを超えると，乳酸の産生速度が速くなりすぎて除去が追いつかなくなるために，運動を続けている間に疲労が徐々にたまってしまう．乳酸を除去するメカニズムとしては以下の4点がある．

① 筋の有酸素性代謝がより効率的になり，無酸素性代謝の需要を低下させる．

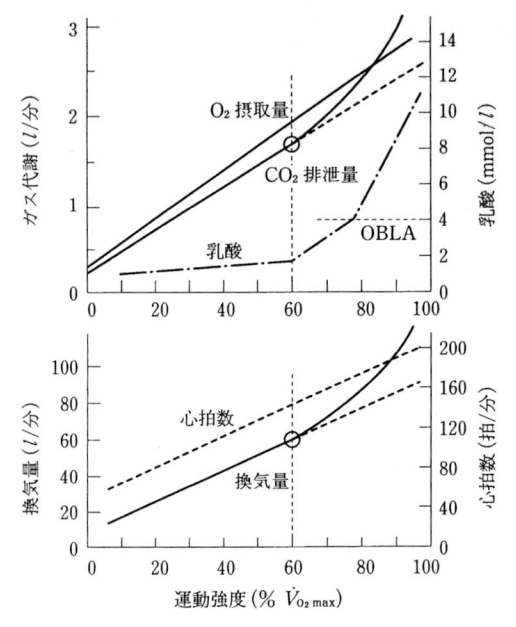

図2.8 運動強度と無酸素性作業閾値[6]

② 乳酸が活動筋で代謝される．
③ 乳酸が活動していない隣接の筋線維に拡散していく．
④ 心臓，肝臓，他の筋により血液中の乳酸が除去される．

次に2名の水泳選手を例に，スポーツ場面におけるATの意義を考えてみよう．

A選手　　$\dot{V}_{O_2 max}$＝70 ml/kg/分，　　AT＝90％ $\dot{V}_{O_2 max}$

B選手　　$\dot{V}_{O_2 max}$＝80 ml/kg/分，　　AT＝70％ $\dot{V}_{O_2 max}$

$\dot{V}_{O_2 max}$はB選手のほうが大きいから，持久性能力はB選手のほうがすぐれていそうである．しかし，60 ml/kg/分の酸素を必要とする速度で両者が泳ぐと，A選手はその速度を維持できるのに，B選手は維持できなくなる．なぜなら，その速度は，A選手の場合AT（70×0.9＝63 ml/kg/分）以下であるのに，B選手の場合にはAT（80×0.7＝56 ml/kg/分）以上であるので，徐々に乳酸が蓄積し，疲労していくためである．

このように，たとえ$\dot{V}_{O_2 max}$が低くても，ATが高ければより速いペースを維

持できることから,ATは持久性種目の成績を向上させるうえで重要な概念として最近注目されている.実際,いろいろな種目の選手のATを測定してみると,非持久性種目の選手では70~75% $\dot{V}_{O_2\,max}$ であるのに,よくトレーニングした長距離選手では85~90% $\dot{V}_{O_2\,max}$ に達している.このように,持久性トレーニングの程度が高くなるほど,ATも高くなっている.

一般の非鍛錬者のATは50~60% $\dot{V}_{O_2\,max}$ で,競技者より低い.しかし,ATは非鍛錬者に対しても意義をもち,運動処方の運動強度を決める際の指標として用いられている.その理由は,AT以下の運動であれば続けていても乳酸が蓄積しないために,身体の内部環境の恒常性が保たれているので,安全性が高いことによる.

なお,ATの判定法にはいくつかの方法がある.上記のように血中乳酸の変化から判定する方法は乳酸性閾値 (lactate threshold: LT) と呼ばれる.図2.8の CO_2 排泄量と換気量のようなガス交換指標の変化から判定する方法は換気性閾値 (ventilatory threshold: VT) と呼ばれる.また,ATに関連する指標として,血中乳酸蓄積開始点 (onset of blood lactate accumulation: OBLA) がある.これは漸増負荷法ではなく,一定強度の運動を長時間続ける場合において,血中乳酸が一定値を維持できる最大の運動強度を指す.この場合の血中乳酸はほぼ4 mmol/l である.

(5) 無酸素能力の指標

無酸素能力を測定するために多くの方法が考案されている.それらは呼気ガスから求める方法と機械的パワーを求める方法に大別される.

a. 最大酸素負債量

運動後の呼気ガスから酸素負債量を求めるには図2.5で示したように未解決の問題があるが,運動中に消費した無酸素性エネルギーは運動後に償却されることを利用して,運動後に消費される酸素の最大量を求める.これは最大酸素負債量 (maximal oxygen debt) と呼ばれ,1分前後の最大運動後に発現する.

運動後の酸素は通常1時間程度測定されるが,運動後2~3分で急激に回復する成分と1時間以上かけて徐々に回復する成分に分けられる.前者は非乳酸性エネルギーに対応し,後者は乳酸性エネルギーに対応するといわれている.

b. 機械的パワー

［ATP-CP系］

① 脚伸展パワー —— このテストは宮下[7]の考案によるもので，脚を伸展する際のきわめて短時間に発揮されるパワーを測定する方法である．

② 階段駆け上がりパワー —— このテストはMargaria[8]の考案によるもので，階段の2m手前から，12段の階段を2段ずつ全力で駆け上がる．そして，8段目から12段目にかけての身体の垂直上昇分（1段17.5 cm×4段）の仕事量を所要時間で割ることによって，最大パワーを測定しようとするものである．

③ 自転車駆動パワー —— これにはいくつかの方法があるが，モナーク社製もしくは電磁式の自転車エルゴメーターを用いて，10秒間ないしは30秒間の全力ペダリングを行ったときのパワーをATP-CP系のパワーとして測定する．

［乳酸系］

上記の自転車駆動パワーと同様の方法を用いるが，時間を40秒間に延長し，ATP-CP系と乳酸系を加えたエネルギー供給機構によるパワーを評価しようとするテストである．

(6) エネルギー供給能力の発達・性差・民族差

有酸素性エネルギーの指標である最大酸素摂取量の発達，老化の過程を図2.9に示した[9]．思春期前では，男女の間に明らかな差異は見られない．しかし，その後の年齢では女子は男子の50〜65％になる．男子では20〜21歳，女子では16〜17歳にかけてピークを示し，その後次第に減少する．60歳の値は，20歳の50〜60％である．また60歳男子は20歳女子の値にほぼ等しい．

同図に示されているスキー距離選手の最大酸素摂取量（男子で4.9 l/分，73 ml/kg/分，女子で3.4 l/分，59 ml/kg/分）は一般人のピーク値（男子で3.0 l/分，50 ml/kg/分，女子で1.9 l/分，38 ml/kg/分）の2倍近くであり，一般人の+2標準偏差をはるかに超えている．しかし，スキー距離選手の男女間の差は一般人の男女間の差と同程度である．

最大酸素摂取量は遺伝と運動の両方の影響を受けるので，世界の各都市あるい

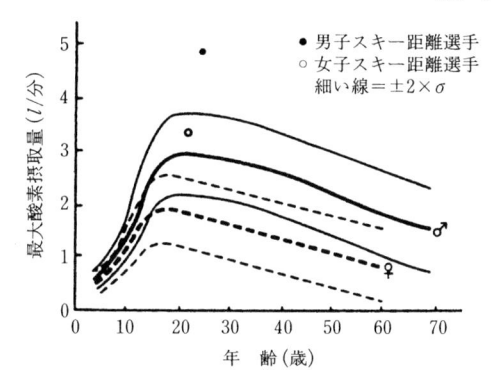

図 2.9 日本人の最大酸素摂取量の年齢に伴う変化過程[9]

は民族の成人男子を比較してみると，体重 1 kg 当たりの値で見た場合，大多数の民族は 45〜50 ml/kg/分の間にある．そして，ネグロイド，モンゴロイド，コーカソイドの間に本質的な差異は見られない．

　無酸素性エネルギーの指標である最大酸素負債量については，日本の一般成人の値は男子で 4.8 l，79 ml/kg，女子ではその約 50% に相当する 2.7 l，53 ml/kg である．日本人一流競技選手のなかの最高値は，男子ではレスリング重量級選手の 13.2 l，女子では陸上短距離選手の 6.6 l である．ただし，体重 1 kg 当たりの値では，男子はスピードスケート選手の 152 ml/kg，女子は陸上中距離選手の 123 ml/kg が高い．これら一流競技選手の値は一般成人の 2〜3 倍に相当するほど大きいが，やはり男女間に差があり，女子は男子の約 50% である．

　以上のように，最大酸素負債量と最大酸素摂取量には明らかに性差が見られ，また中高年期に低下していく．このことが男女間，あるいは青年と中高年者の運動成績に差を生じさせる主要因である．しかし，体重 1 kg 当たりの最大酸素摂取量に民族間の差はないので，運動成績に見られる民族間の差は，体重差によるエネルギーの絶対量の差異，あるいはスポーツ文化の差異から生じるものといえよう．

2.2 トレーニングの進め方

(1) トレーニングへの手順

トレーニングによる万一の危険を予防するとともに，現在の健康や体力の条件に応じてトレーニングのやり方を決定し，適切なトレーニング効果を得るための一連の過程を図2.10に示す．その手順は次のようである．

① 健康診断により，トレーニングに耐えられるか否かを医学的立場から検討する．これは，トレーニングによる万一の危険の予防，特に持久走や水泳など，心臓に負担のかかる運動で必要である．
② 体力テストにより体力の水準を知る．
③ この結果に基づき，体力の弱点を補強するか，あるいは長所をさらに伸ばしていくかの判断をする．
④ この判断に基づき，いろいろなトレーニング方法のなかから適切なトレーニング方法を選択する．
⑤ トレーニングのやり方，すなわち，運動強度，運動時間，運動頻度を決定する．
⑥ トレーニングを行う．
⑦ トレーニング効果を確認するために，体力テストを三月に1回は実施してトレーニングのやり方を再調整する．すなわち，トレーニングが弱すぎて効果が上がらない場合にはトレーニング負荷を増強する．これとは逆に，トレーニングが強すぎると感じた場合には，トレーニング負荷を軽減する．さらに，トレーニングの途中で健康を害した場合，あるいは特別な病気はなくても1年に1回は健康診断を受診して健康状態を再確認する．

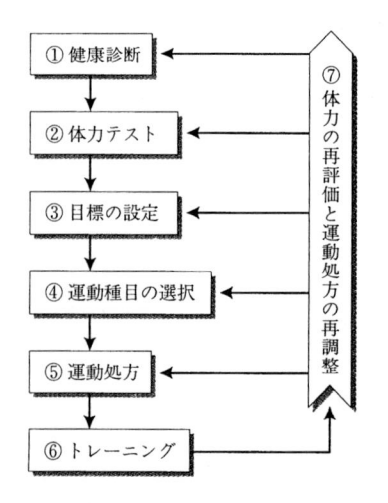

図2.10 トレーニングへの手順

(2) 体力の測定
a. 体力とは

前記の手順において，トレーニング目標を決定し，またトレーニングの実施方法を決めるうえで，体力の把握は重要な位置を占めている．しかし，体力の概念は必ずしも明確でなく，これまでにいろいろな見解が示されてきた．それは，体力という身体資源はいろいろなスケールに投影されて認識される性質のものであるからである．

現在，日本で用いられている代表的な体力論には二つのものがある．一つは，体力を要素に分けて考える理論で，歴史的にも古く，東，福田，松岡，浦本らの考えを猪飼[10]がまとめたものである．そこでは，「体力とはストレスに耐えて生を維持していく，からだの防衛力と，積極的に仕事をしていく，からだの行動力とをいう」と定義されている．そして，その内容は，身体的および精神的要素を含み，形態も機能も含むものとして，表2.2のように分類されている．ここで，体力を狭義に定義する場合には，体力を身体的要素に限定し，その行動体力の機能を指す場合がある．この狭義の体力には，①エネルギーの質と量から見た体力（筋力，パワー，スピード，持久性）と，②エネルギーを制御するサイバネティクス系の体力（敏捷性，平衡性，協応性，柔軟性）の二つの側面が含まれる．サイバネティクス系の体力は運動を調整する機能であることから，調整力と呼ばれることもある．そして，これらの行動体力要素は握力，1500m走，シャトル走などの体力テストによってcgs単位で測定される．

もう一つの体力論は，前節で述べたエネルギー供給機構と対応させて，単位時

表2.2 体力の分類[10]

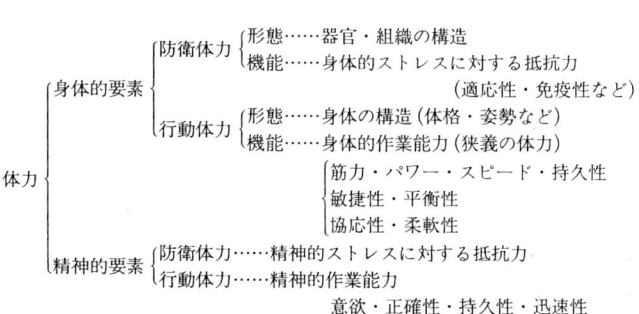

```
            ┌ 身体的要素 ┌ 防衛体力 ┌ 形態……器官・組織の構造
            │           │         └ 機能……身体的ストレスに対する抵抗力
            │           │                         (適応性・免疫性など)
            │           └ 行動体力 ┌ 形態……身体の構造(体格・姿勢など)
            │                      └ 機能……身体的作業能力(狭義の体力)
  体力 ─────┤                          筋力・パワー・スピード・持久性
            │                          敏捷性・平衡性
            │                          協応性・柔軟性
            └ 精神的要素 ┌ 防衛体力……精神的ストレスに対する抵抗力
                        └ 行動体力……精神的作業能力
                              意欲・正確性・持久性・迅速性
```

間当たりの仕事量（パワー）で行動体力を考えるものである．これは比較的新しく，宮下[11]により提案された．ここでは，エネルギーの大小により，①非乳酸系機構による高パワー，②乳酸系機構による中パワー，③有酸素系機構による低パワーの3種類に体力を分類する．

これらの二つの体力論のうち，前者は測定の簡便性と経済性にすぐれている．また，1963年から文部省によるデータの蓄積があるので，これらと比較するうえでは便利である．しかし，次元の異なったものが混在している．後者は生理学的機能に即しているが，測定に特殊な器具を必要とする．このように二つの体力論には一長一短があるため，トレーニングの目的や対象者の人数，あるいは手じかの測定器具などに応じていずれかを活用するとよい．

b. 体力テスト

要素的体力を測定するための体力テストでは，文部省の制定した体力テストが一般的に用いられる．このテストは，小学生用の「小学生スポーツテスト」，中学生から29歳までに適用される「体力診断テスト」と「運動能力テスト」，30歳以上の壮年を対象とした「壮年体力テスト」で構成されていた．しかし，測定時間，経費，安全性，種目の統一等の観点から1997年に大幅に改定され，種目数が削減された．中・高・大学生に適用される新しい体力テストは，握力，上体起こし，長座体前屈，持久走（男子1500 m，女子1000 m）か20 mシャトルランテストのどちらかを選択，反復横とび，50 m走，立ち幅とび，ハンドボール投げの8項目からなる．小学生では持久走はなく，またハンドボール投げの代わりにソフトボール投げを用いる．20歳から64歳までに適用されるテストでは，持久走の代わりに急歩が用いられ，50 m走とハンドボール投げが削減される．65歳から79歳までの高齢者を対象としたテストでは，握力，上体起こし，長座体前屈に開眼片足立ち，10 m障害物歩行，6分間歩行が加わる．

前項で述べたエネルギー系の体力の測定は，グランドやプールでも可能であるが，運動量と生体反応との関係をより厳密に同定するために，運動負荷装置を用いる．図2.11は水泳の研究で用いられる回流水槽を示したものである．これは，電動モーターでプロペラを回転させることによって水流を起こす装置である．被験者はこの流れに逆らって一定位置で泳ぐことになる．水泳ではこれと類似の装置として，重りを牽引しながら泳ぐ牽引水泳用水槽がある．陸上運動における運

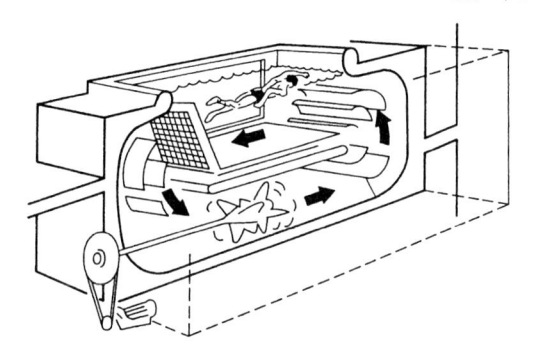

図 2.11　水泳の研究で用いられる回流水槽

動負荷装置の代表的なものとしては，電動モーターで回転させるベルト上を走行するトレッドミルや，機械的に一定のブレーキをかけることができる自転車エルゴメーターなどがある．これらの装置はいずれも標準化された運動負荷を与えることが可能であり，以下の利点をもつ．

① 各種生理学的指標を運動中に測定することが可能である．
② さまざまな生理学的機能が定常状態に達したとき，測定が行われる．
③ 測定時の運動が自然な運動と一致している．
④ 運動強度を正確に設定でき，再現性が高い．

(3) トレーニングの原則

図 2.12 は，エネルギー水準と疲労に及ぼす運動（トレーニング）と休息の影響を概念的に示したものである．トレーニングは運動刺激というストレスを身体に

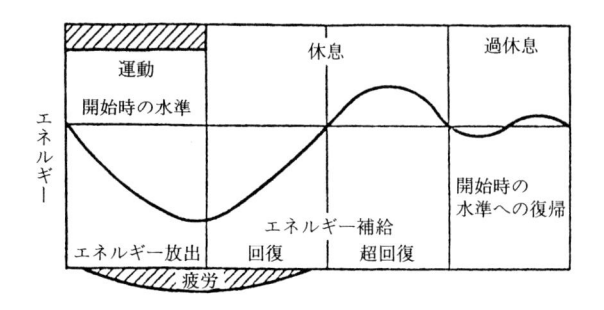

図 2.12　エネルギー水準と疲労に及ぼす運動と休息の影響

加える．このため，運動に関与する人体の器官は，運動時には安静時より高い活動水準を要求され，体内に蓄積していたエネルギーを放出し，疲労が蓄積する．しかし，運動を中止して休息すると人体の活動水準は元の安静状態に戻り，この間にエネルギーが補給され，疲労が回復する．さらに，適度な休息によりエネルギーの超回復が起こる．このような過程を繰り返していると，人体はより強い運動ストレスに適応し，質・量共により高い活動水準を発揮できるようになる．このように，運動刺激に対する人体の適応性を利用して体力を向上させていく過程がトレーニングと呼ばれている．そして，トレーニング効果を安全で効果的に得るうえで考慮すべき七つの原則がある．

① オーバーロードの原則 —— 現在の体力水準以上の負荷をかけなければ体力は向上しない．ただし，運動が強すぎては発達が阻害され，傷害が起こる．運動が弱すぎると効果が上がらない．この原則は，トレーニングにおいて最も重要な基本原則である．

② 自覚性の原則 —— トレーニングの目的や方法を明確に自覚しておくことが，積極的なトレーニングの実践につながる．

③ 反復性の原則 —— 運動を繰り返し継続することによって恒常的なトレーニング効果が得られる．トレーニングを中止すると，トレーニング効果は消失していく．

発育・発達期のトレーニングで特に重要なのは次の三つの原則である．

④ 全面性の原則 —— 図2.13は，発育発達あるいはトレーニングの進行に伴い，トレーニング内容が変化していく過程を概念的に示したものである．発

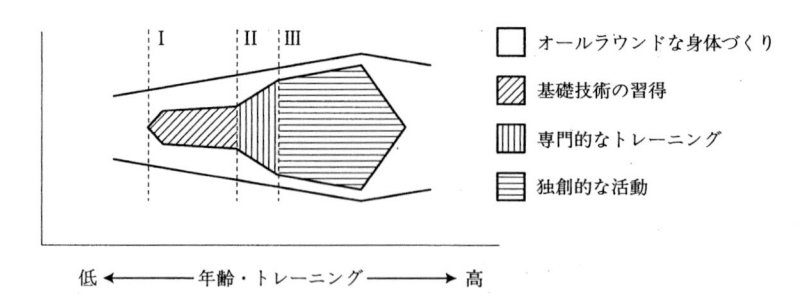

図2.13 発育発達あるいはトレーニングの進行に伴うトレーニング内容の変化

育発達の未熟な段階，あるいはシーズン初めなどのトレーニングの初期段階では，特定の運動だけを練習するのではなく，いろいろな運動をバランスよく練習したほうがよい．これは，一部の器官や機能だけを偏って発達させないためであり，また傷害を防止するためである．発育発達，トレーニングが進むに従って専門的なトレーニングを次第に増していく．このように，体力の各要素をバランスよく発達させることを全面性の原則と呼ぶ．

⑤ 個別性の原則 —— どの程度の強さのトレーニングに耐えられるかというトレーニングの耐性は，個人の体力水準によって異なる．そして，体力水準に応じたトレーニングにより最適なトレーニング効果が得られる．体力水準に強く影響するのは性，年齢，トレーニングの程度などである．このように，個人の体力水準を考慮してトレーニングを進めることを個別性の原則と呼ぶ．

⑥ 漸進性の原則 —— 体力の水準は通常，トレーニングの進行に伴い次第に向上していく．このため，常に一定のトレーニング内容を継続していると，トレーニング効果は次第に停滞してくる．したがって，トレーニングに対する新たな適応を生み出すためには，トレーニングの発展段階に応じた形で，運動負荷の内容を次第に高めることが必要である．このように，トレーニングの質・量を少しずつ段階的に増していくことを漸進性の原則と呼ぶ．

これらの原則のほかに，最近では

⑦ 特異性の原則という新しい原則が発見されている．

トレーニングの程度が異なる水泳選手について，水泳と自転車運動との間で最大酸素摂取量を比較したのが図2.14である[12]．鍛錬度の比較的低い水泳選手（水球群）では，水泳で測定した値は自転車運動で測定した値より低い．しかし，鍛錬度の高い大学群や男子エリート群では，水泳で測定した値は自転車運動で測

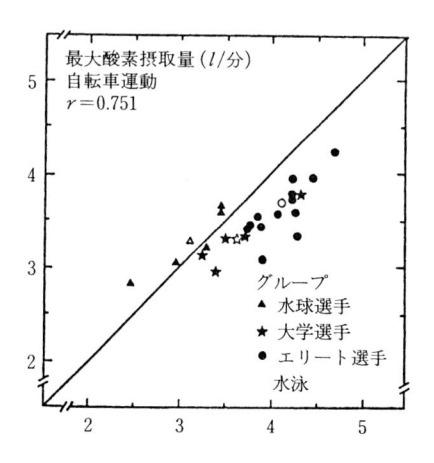

図 2.14 水泳と自転車運動における $\dot{V}_{O_2max}$ の比較[12]

定した値より高い．この実験結果から，水泳におけるトレーニングが進むに従って，水泳で発揮できるエネルギー量が高くなっていることがわかる．このように，トレーニングに対する人体の適応には種目特異性があり，トレーニング効果はトレーニングした特定の運動に現れるというのが特異性の原則である[13]．この原則は一見，全面性の原則と矛盾するが，トレーニングの進んだ段階ではこの原則が重要視される．

(4) トレーニングの分類

トレーニングには，トレーニングの目的，対象者，トレーニング器具，あるいは運動様式によりさまざまな種類のものが存在する．金子は，それらを分類して図2.15のようなトレーニングの体系を示した[14]．それによると，トレーニングは一般人が行うものとスポーツマンが行うものの二つに大別される．前者は運動処方，後者はスポーツトレーニングと呼ばれる．しかし，用いるトレーニングの種類には，一般人とスポーツマンとの間に差異はなく，ともに，①体力の各要素を向上させるトレーニング，②体力を全面的に向上させるトレーニング，③スキルの改善と並行して特定のスポーツ種目に必要な体力を向上させるトレーニングから成り立っている．両者に違いが生じてくるのは，運動の質と量である．スポーツマンは一般人より高度にトレーニングされている．このため，オーバー

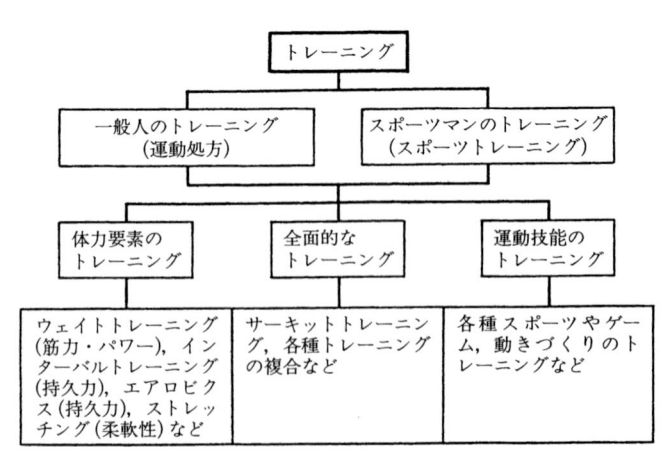

図2.15 トレーニングの体系[14]

ロードの原則を満たしてトレーニング効果を得るために，スポーツマンはどの種類のトレーニングであれ高い水準の運動の質と量を要求される．

(5) トレーニング処方の条件

トレーニングの原則を踏まえてトレーニングするためには，トレーニングのやり方(内容)を規定する条件が必要である．これはトレーニング処方の条件と呼ばれ，トレーニングの内容は運動の質と量によって決まる．運動の質とは，どれくらい強く運動するかということで，運動の強さ(運動強度)を示す．生体負担度とも呼ばれる．運動の量は運動時間と運動頻度によって決まる．運動時間は，1回の運動をどれくらいの時間続けるかを示す．運動頻度は，1日または1週間に実施するトレーニングの回数を示す．さらに，トレーニングで消費したエネルギーを補給し，疲労回復をはかるための休息のとり方が第四の条件となる．トレーニング効果を得るという観点からは，どれくらいの期間運動を続けるかという運動期間の条件を加える場合がある．

これらの条件は，健康増進の基礎としての体力の向上を目指すか，あるいは競技力の向上を目指すかによって異なったものになる．したがって，運動を行う目的に応じてこれらの条件を適切に決定することが必要である．

a. 運動強度

運動強度は，単位時間内の運動量で示される．また，最大能力を基準に設定されることも多い．たとえば，持久力のトレーニングでは $\dot{V}_{O_2 max}$ を100%とし，80% $\dot{V}_{O_2 max}$ のように，その%で運動強度が示される．運動強度はトレーニング効果に最も強く影響する．このため，運動やスポーツの指導において運動強度の把握は重要な課題となっている．そして，運動強度の指標として，以下のように多くのものが考案されている．

1) 実験室で使われる指標

① kpm/分 —— 自転車エルゴメーターなどにおいて，1分間に進む距離(回転数)にkp(ブレーキの強さ)を掛けた仕事率で運動強度が求められる．1ワットは6 kpm/分に相当する．

② カロリー —— 1 l の酸素は5 kcalに相当するので，運動強度をkcal単位で求めることに利用される．

2) 持久運動で使われる指標

① 酸素摂取量——生物学的な運動強度を最も端的に表すことから，多くの指標の基準になっている．しかし，トレーニングの現場で測定するには，現在のところ技術的，経済的に多くの困難がある．

② 心拍数——心拍数は心臓の拍動回数のことであり，通常は1分間値で表される．心拍数は物理的運動強度や酸素摂取量と比例して増加し，測定が比較的容易であるため，トレーニングの現場で運動強度の指標としてよく用いられている．

心拍数を測るためにポリグラフ，テレメーター，携帯用心電計，光電セルなどの器機が開発されている．トレーニングの現場で最も簡単に心拍数を測れる方法は触診法である．これは，図2.16のように，時計を見ながら10秒間ないしは6秒間の脈拍を触診する．そして，10秒間の場合は6倍し，6秒間の場合は10倍して，1分間値に換算する．この際注意を要するのは，図2.17のように，運動後の脈拍は急激に低下していくので[15]，運動直後に計

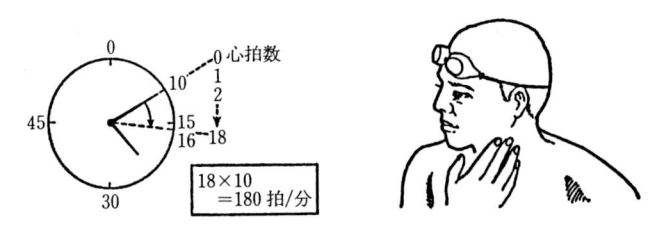

図2.16 時計を利用した心拍数の数え方

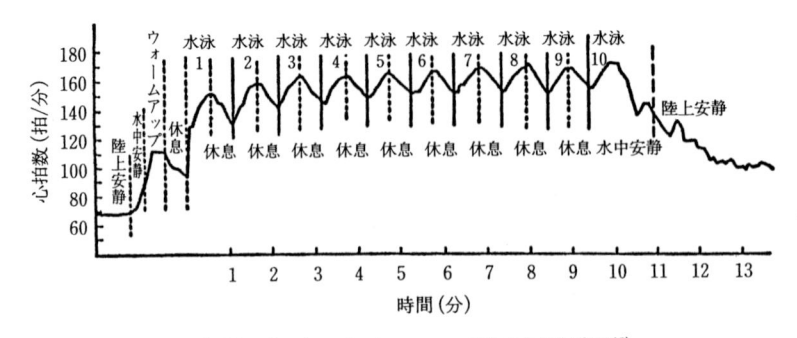

図2.17 インターバルトレーニング中の心拍数変動[15]

測しなければならない．しかし，測定方法に習熟すれば実用に供する．

一般成人の安静時心拍数は，男子では 65～75 拍/分，女子では 70～80 拍/分である．トレーニングを積むと安静時心拍数は低下し，マラソン選手では 40 拍/分以下の人もいる．20 歳前後の人の最大心拍数は 180～200 拍/分 (平均 190 拍/分) である．トレーニングは最大心拍数に影響しないが，図 2.18 のように，最大心拍数は加齢に伴って低下する[16]．各年齢の予測最大心拍数は「210－0.8×年齢」で求められる．

心拍数から運動強度を推定するには，最高心拍数に対する運動時心拍数の割合 ($\%HR_{max}$) を，次式を用いて求める．

$$\%HR_{max} = \frac{運動時心拍数 - 安静時心拍数}{最大心拍数 - 安静時心拍数}$$

ここで，運動時心拍数として，運動中ないしは運動直後の心拍数が用いられる．最大心拍数としては 4～5 分間の運動を全力で行った直後の心拍数が用いられる．安静時心拍数は，椅子に座って 30 分以上経過した後の心拍数である．

③ 主観的運動強度 —— 原型は Borg[17] の考案によるものである．表 2.3 のように，運動中の「苦しさ」の知覚に基づき，心拍数と対応させて 15 段階の尺度で運動強度を示す．この指標の最大の長所は，運動者自身が運動中に運動強度を知覚できることにある．心拍数に比べれば測定精度は若干低いが，運動に慣れた人であれば，信頼性がかなり高く，実用に供しうる．

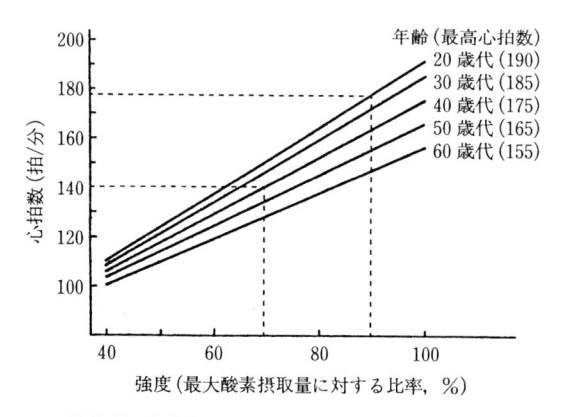

図 2.18 年齢別に見た運動強度と心拍数との関係[16]

表2.3 客観的運動強度と主観的運動強度の関係

客観的強度 (％)	心拍数 (拍/分)	主観的強度	対象
100	200 190	非常にきつい	
90 80	180 170 160	かなりきつい	運動選手
70	150 140	きつい	
60 50	130 120	ややきつい	一般の児童・生徒
40	110 100	楽である	トレーニング開始時 体力の低い人
30 20 10	90 80 70	かなり楽である 非常に楽である	
0	60		

④ RMRおよびMETs —— 運動によって消費されたエネルギーが基礎代謝の何倍にあたるかを示すのがRMRであり，安静代謝の何倍にあたるかを示すのがMETsである．RMRは，日常生活や軽労働で0.5〜2.0，筋肉労働で3.0〜6.0を示す．また，散歩では2.5であるが，急歩になると4.5まで上がり，各種スポーツでは3.0〜10.0を示す[18]．

3) その他の指標

① 最大筋力 —— 筋力トレーニングにおいて使用される．最大筋力を100％とし，その％で強度が示される．

② 速度 —— 陸上競技や水泳などにおいてストップウォッチで計られる．速度の増加に伴い，酸素摂取量は比例ないしは指数関数的に増加するので，速度は運動強度の指標になるが，技能の影響も受けるのが欠点である．

以上のように，各指標はそれぞれ独自の特徴をもっているので，トレーニングの目的や内容に応じて最適な指標を選択する必要がある．

b. 運動時間

前項(3)で述べたように，運動時間は運動強度と関連して，トレーニング中にどのエネルギー系が動員されるかを決定づける．また，運動強度と運動時間の積は運動量と呼ばれ，トレーニング中に利用されるエネルギーの総量を示す．そし

て，各エネルギー系の供給容量に対し運動量がどの程度の負荷になっているかが，トレーニング効果を決定する．すなわち，連続的運動（あるいは，セット間の休息が十分に長い運動）によるトレーニングにおいては，有酸素系および無酸素系ともトレーニング効果を得るためには，その供給容量をある程度使いきる時間設定が必要である．しかし，間欠的運動（運動と休息を比較的短い間隔で繰り返す）の場合には，1回当たりの時間はオールアウトタイムまで続ける必要はなく，その50～60％前後で効果を生む．このように運動時間は運動強度と関連してトレーニング効果を生じさせる．

c. 休息時間

図2.19に示すように，休息時間には①秒単位の休息，②分単位の休息，③日単位の休息の3種類がある．休息時間の長短は，秒単位や分単位の休息を含む間欠的運動において，どのエネルギー系が主に関与するかということに影響する．すなわち，運動期が短く休息期が長くなるほど無酸素系の関与が多くなり，逆に運動時間が長く休息期が短くなるほど有酸素系の関与が多くなる．

d. 運動頻度

運動頻度には二つの意味がある．一つは1日当たりの実施回数であり，もう一つは1週間当たりの実施回数である．

1日当たりの運動頻度は，強化の対象となるエネルギー系を変化させる．たと

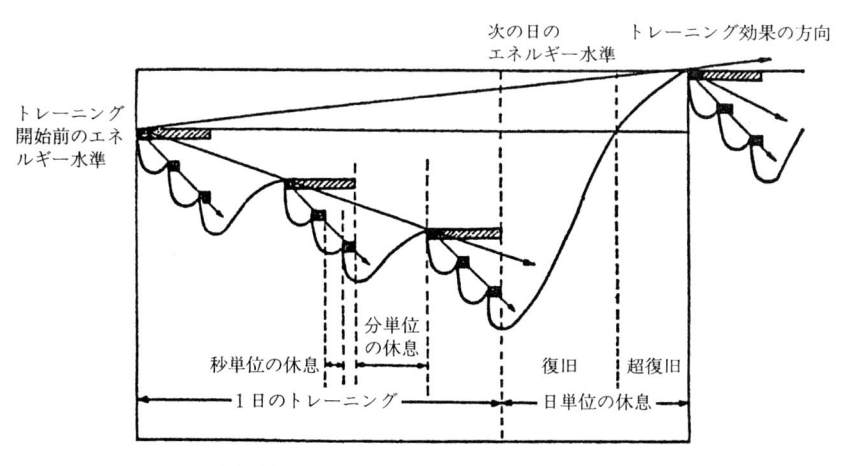

図 2.19 総合的に見たトレーニングと休息の関係

えばレペティショントレーニングにおいて，何回目かまでは無酸素系を強化しているが，その回数を超えると有酸素系に強化の主眼が移行するようである．

1週間当たりの運動頻度はトレーニング効果に影響する．一般的には，どのエネルギー系でも，週当たりの実施頻度が高いほどトレーニング効果は大きい．しかし，あまりに高強度，高頻度のトレーニングが続くとオーバートレーニングに陥る．

2.3 有酸素能力

前項(5)で述べたトレーニング処方の条件は，健康増進の基礎としての体力の向上を目指すか，あるいはスポーツ成績の向上を目指すかによって異なったものになる．前者については第3章で述べられるので，ここでは，スポーツがよりうまく，より強くなることを目指して，意図的に運動を行う場合に用いられるトレーニングの種類，およびその内容を規定するための処方の条件について述べてみよう．

(1) 持続トレーニングとインターバルトレーニング

図2.20は，運動強度と休息の関係から分類した四つの代表的なトレーニングを示したものである．このうち，有酸素能力の改善に効果があるのは持続トレーニングとインターバルトレーニングである．

a. 持続トレーニング

これは，比較的弱い運動強度($50 \sim 60\%$ $\dot{V}_{O_2 max}$，$110 \sim 130$ 拍/分の心拍数)で休息なしに連続して運動を続けるトレーニング方法である．有酸素能力に関係する呼吸・循環器系が十分に働くようになるには，運動を始めてから少なくとも3分以上必要である．このため，このトレーニングの多くは5分以上の時間が用いられる．このトレーニングには，トラックなどを一定スピードでゆっくり走るLSD (long slow distance) トレーニングがある．また，草原，森林，砂浜等の自然環境の地形を利用して行うファルトレクトレーニングもこのトレーニングに含まれる．

2.3 有酸素能力

スピードトレーニング　レペティショントレーニング　インターバルトレーニング　持続トレーニング

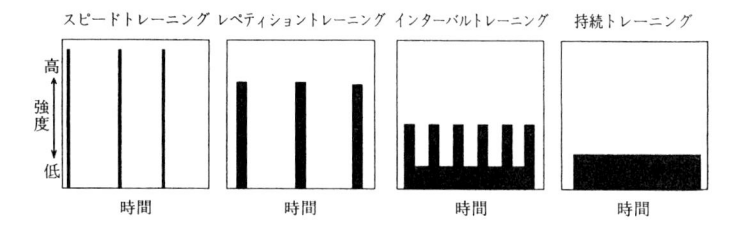

（高　強度　低／時間）

運動形態	トレーニングの種類	主たる効果	運動		休息	
			強度	時間	状態	時間
間欠的	スピード	ATP-CP系	非常に強い	30秒以下	完全休息	3分前後
	レペティション	乳酸系	非常に強い	1分前後	完全休息	3分前後
	インターバル	有酸素系	比較的強い	30秒～5分	不完全休息	5秒～4分
連続的	持続	有酸素系	比較的弱い	3分以上	なし	

図 2.20　強度と時間の関係から分類した四つの代表的なトレーニングパターン

b. インターバルトレーニング

これは，有酸素能力の改善を目的とし，比較的強い運動（心拍数で170～180拍/分）と不完全休息（心拍数で120～130拍/分）を交互に繰り返すトレーニング方法である．陸上競技では休息期に軽いジョギングを行うが，水泳競技では泳がないで完全に休息することが多い．このように陸上競技と水泳競技とで休み方に違いはあるが，休息期に疲労が完全に回復しないうちに次の運動を開始するのが特徴である．

インターバルトレーニングは1952年のヘルシンキオリンピックにおいて，ザトペック選手が陸上長距離の5 000 m，10 000 m，マラソンの3種目で優勝して以来，有酸素能力を強化するための最もすぐれたトレーニング方法として，陸上競技のみならず水泳競技その他の多くの種目に急速に広まっていった．

図 2.21 は，このトレーニングの理論的根拠を示したものである．図の横軸は運動と運動の間の休息時間を，縦軸は運動の平均速度を示す．ある選手の現状の能力が図中の黒点でつないだ線で示されている．水泳で50 mを8回泳ぐトレーニングを例にとると，①で示した点は，運動と運動の間に休息を長く入れ（1分程度），かなりの程度まで疲労を取り除いてから次の運動に移るケースである．この場合，一方で制限タイムが設定され，その選手の最高能力に近い速度で泳ぐ

第2章 たくましく生きるために

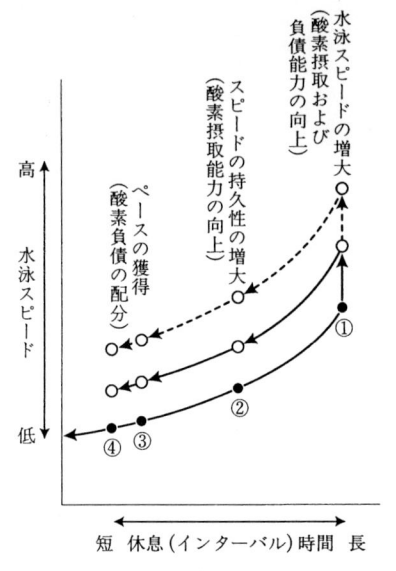

図2.21 インターバルトレーニングにおける休息時間の意味

（図中ラベル：水泳スピードの増大（酸素摂取および負債能力の向上）①／スピードの持久性の増大（酸素摂取能力の向上）②／ペースの獲得（酸素負債の配分）③／④／縦軸：水泳スピード 高～低／横軸：休息（インターバル）時間 短～長）

ことが要求され，主観的には大変きついものになる．ここでは，スピードの増大を目的とし，生理学的には酸素摂取量および酸素負債量の両方の改善が意図される．②の時点は①に比べ休息時間が短い（20～30秒）ので，泳ぐ速度も必然的に①より遅くなる．ここでは，スピード持久性の増大を目的とし，生理学的には酸素摂取量の改善が意図される．③では休息時間が非常に短く（5～10秒），ここではペース配分の養成を目的とし，生理学的には8回泳ぐ間に酸素負債量を完全に使いきることが意図される．すなわち，試合におけるペースをつかむための実践的なトレーニングということになる．④では休息時間が0である．この0が意味するものは，50mを8回泳ぐ間に休息がないということ，すなわち400mを連続して泳ぐということになる．このため，試合におけるこの選手の400mの記録，換言すれば，この選手の実力が④の点で予測できることになる．インターバルトレーニングでは，①～③の過程を何回も繰り返しながら，徐々に能力アップを図っていく．これらの過程で重要なことはトレーニング中のタイムを選手に伝えるだけでなく，定期的にこのようなグラフ形式にまとめることである．これにより，選手のどの能力がどのように変化しているかを明確に把握でき，以前のトレーニングの良否を判断しながら以後のトレーニングを展開することができる．

このようにインターバルトレーニングでは，休息時間のとり方により改善する能力が異なり，多様な能力を開発できることから，休息時間が大変重要な意味をもつ．さらに，このトレーニングはオーバーロードを負荷する条件を三つも含んでいる．第一は制限タイムによる運動強度の設定である，第二は休息時間，第三は回数である．これらの条件を組み合わせてオーバーロードを多様に作り出すことができるのも，このトレーニングの特徴である．このように多様な意味を含ん

でいるがために，このトレーニングは有酸素能力を改善する主要なトレーニング方法として今後も存続していくであろう．

　初期のインターバルトレーニングは，運動距離と休息時間が一定でスピードが変化しないものであった．現在では，多くの変法が考案されている．水泳の例でいえば，運動距離と休息時間を一定にし，セットごとにトレーニングタイムを上げていくセットプログレッシブ，反復回数が増すごとにタイムを上げていくディセンディング，反復回数が増すごとに泳距離を短くしていくデクリージング，低強度と高強度を交互に泳ぐミックスインターバルなどである．これらのトレーニング方法は，トレーニングの単調さを打ち破り，選手に興味深くトレーニングに取り組ませるために意味のあるものである．しかし，上記の基礎理論で選手の能力の変化を把握しつつ，これらのトレーニングを応用していくことが重要であろう．上記の例では50mを泳ぐことをとりあげたが，実際にはインターバルトレーニングはいずれの距離でも可能である．

　表2.4は，エネルギー供給機構と対応させて，インターバルトレーニングの具体例を示したものである[19]．このうち，非乳酸性機構の改善を目的としたものは，運動時間が25秒以下と短く，運動時間と休息時間の比が1：3になっていて，休息時間が非常に長い．このようなトレーニングは特にスピードトレーニングと呼ばれる（これについては，次節で詳述する）．また，非乳酸性機構と乳酸性機構の同時の改善を目指したものは，運動時間が30秒～1分20秒と比較的短く，運動時間と休息時間の比が1：2～1：3になっていて，休息時間が非常に長い．このようなトレーニングは特にレペティションとレーニングと呼ばれる（これについても，次節で詳述する）．有酸素性機構の改善を目的とするインターバルトレーニングは，この表で示されたいずれの運動時間あるいはいずれの運動距離でも可能である．しかし，運動時間に対する休息時間の割合は，この表で示されたものより低く，休息時間がより短いものになる．その理由は，休息時間の短縮により運動のエネルギーを有酸素性機構に依存する割合が相対的に多くなるためである．

　インターバルトレーニングを実施する場合，特別に考慮しなければならないことがある．それは，トレーニングの条件を距離でなく時間で設定することである．これは，エネルギー供給機構が距離よりも時間と密接に関係するので，距離

表 2.4　インターバルトレーニングの具体的処方[19]

エネルギー獲得機構	トレーニング時間（分：秒）	総繰返し数（回）	セット数（回）	1セットの繰返し数（回）	作業：休息	休息方法
非乳酸性機構	0：10	50	5	10		安静休息（歩行，柔軟）
	0：15	45	5	9		
	0：20	40	4	10	1：3	
	0：25	32	4	8		
非乳酸性機構＋乳酸性機構	0：30	25	5	5		作業休息（軽・中度の運動，ジョギング）
	0：40～0：50	20	4	5	1：3	
	1：00～1：10	15	3	5		
	1：20	10	2	5	1：2	
乳酸性機構＋有酸素性機構	1：30～2：00	8	2	4	1：2	作業休息
	2：10～2：40	6	1	6		
	2：50～3：00	4	1	4	1：1	安静休息
有酸素性機構	3：00～4：00	4	1	4	1：1	安静休息
	4：00～5：00	3	1	3	1：1/2	

エネルギー獲得機構	トレーニング距離（ヤード） ランニング	水泳	総繰返し数（回）	セット数（回）	1セットの繰返し数（回）	作業：休息	休息方法
非乳酸性機構	55	15	50	5	10	1：3	安静休息（歩行，柔軟）
	110	25	24	3	8		
非乳酸性機構＋乳酸性機構	220	55	16	4	4	1：3	作業休息（軽・中度の運動，ジョギング）
	440	110	8	2	4	1：2	
乳酸性機構＋有酸素性機構	660	165	5	1	5	1：2	作業休息
	880	220	4	2	2	1：1	安静休息
有酸素性機構	1 100	275	3	1	3	1：1/2	安静休息
	1 320	330	3	1	3	1：1/2	

で設定すると能力差に応じてトレーニング効果が異なってくるためである．この点を水泳の例で示すと，インターバルトレーニングの条件を，50 m を 10 回，休息時間を 30 秒で設定したとする．この場合，平均タイムが 60 秒かかる泳力の低い人がいるのに対して，30 秒で泳げる泳力の高い人もいる．ここで，泳力の低い人では運動時間と休息時間の比が 1：0.5 となり，これは有酸素能力の比率が高いトレーニングとなる．一方，泳力の高い人ではその比が 1：1 となり，これは有酸素能力に加えて，無酸素能力も関与するトレーニングとなる．

(2) $\dot{V}_{O_2 max}$ の制限因子に注目したトレーニング

2.1 で，$\dot{V}_{O_2 max}$ が発現するとき，呼吸器系，循環器系，および筋系が連鎖状に働き，このうち呼吸器系は制限因子にならないが，循環器系と筋系のどちらが

制限因子であるかは不明であると指摘した．このため，$\dot{V}_{O_2 max}$ の改善を意図した場合には循環器系と筋系のいずれをもトレーニングの視野に入れておく必要がある．

a. 心臓の強化

循環器系のなかで心臓の強化は特に重要である．心臓は血液を循環させるポンプであり，これが血液の流れる速度を決める．そして，心臓の機能は，1分間に送り出される血液量を示す心拍出量により評価される．心拍出量は，1回の拍動で送り出される血液量（一回拍出量）と心拍数の積である．

運動中の循環器系の動態を知るために，酸素摂取量（運動強度）の増加に伴う心拍出量，心拍数および一回拍出量の変化過程を示したのが図2.22である．酸素摂取量の増加に伴い心拍出量は直線的に増加し，最高で30 l/分近くに達している．心拍数も酸素摂取量の増加に伴って直線的に180拍/分近くまで増加する．しかし，一回拍出量は40～50% $\dot{V}_{O_2 max}$ までは直線的に増加するが，それ以上の強度では150 ml 近くのほぼ一定値を示す．

この一回拍出量の変化が心臓のトレーニングに示唆を与える．それは，40～50% $\dot{V}_{O_2 max}$ で心臓は最大限働いているため，心臓を強化するには必ずしも100% $\dot{V}_{O_2 max}$ 近くでトレーニングする必要はないことである．このような心臓の反応から，有効なトレーニングとしては最大下強度の中距離走（泳）か短い休息のインターバルトレーニングが有効であると考えられる．最大下強度でトレーニングするのは，最大下強度では苦痛や痛みを伴わないので，多量のトレーニングが可能になるためである．トレーニングにより最大心拍出量は20％前後増大する．一定強度の運動を行ったときの心拍数は，トレーニングを積むと低下することを利用して，それまでのトレーニングが心臓を強化するのに有効であったかどうかを判定する簡単な方

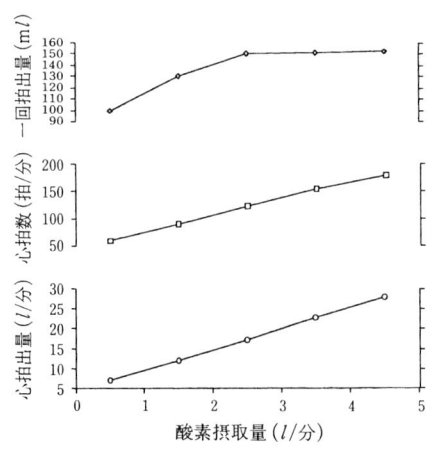

図2.22 酸素摂取量の増加に伴う心拍出量，心拍数および一回拍出量の変化

表 2.5　一回拍出量と心拍出量に及ぼす水泳トレーニングの効果[20]

	最大下努力	最大努力
トレーニング前	種目：400 m 泳 タイム：4 分 25 秒 心拍数：170 一回拍出量：140 　　170×140＝23 800 ml/分 　　　　　　23.8 l/分	種目：同左 タイム：4 分 05 秒 心拍数：190 一回拍出量：140 　　190×140＝26 600 ml/分 　　　　　　26.6 l/分
トレーニング後	種目：同上 タイム：同上 心拍数：147 一回拍出量：160 　　147×160＝23 520 ml/分 　　　　　　23.52 l/分	種目：同左 タイム：3 分 59 秒 心拍数：190 一回拍出量：160 　　190×160＝30 400 ml/分 　　　　　　30.4 l/分

法を示そう．

　表 2.5 は，400 m を最大下努力と最大努力で泳いだときの記録と循環器系の反応を，水泳トレーニングの前後で比較したものである[20]．最大努力において，トレーニング後の記録は向上しているが，心拍数にはトレーニング前後で差がない．しかし，最大下努力で同じ速度で泳いだときの心拍数（ここで重要なのは，トレーニングの前後に同一速度で運動することである）は，トレーニング前には 170 拍/分であったものが，トレーニング後には 147 拍/分まで低下している．心拍出量にはトレーニング前後で差がないので，この心拍数の低下は一回拍出量の増大によって生じたものである．一回拍出量の増加は心臓のポンプ機能の改善を示すことから，それまでのトレーニングが心臓を有効に強化していたことがわかる．トレーニング期間中に心拍数を頻繁に測定する理由の一つはここにある．

b.　血液量と赤血球の増大

　運動強度は中程度から強度で，短い休息のインターバルトレーニングがよいと考えられる．このような内容のトレーニングは筋組織の酸素需要を増大させ，筋組織に酸素不足（ハイポキシア）を引き起こす．この結果，血液に対する酸素輸送の需要が必然的に増大し，これが血液量と赤血球を増大させる引き金になるからである．

c.　筋内での酸素利用

　筋組織の内部で有酸素性エネルギーの産生に関係するのは，筋組織内で酸素を

ミトコンドリアまで輸送するミオグロビン，クレブス回路により有酸素性エネルギーを産生するミトコンドリア，ミトコンドリア内の反応を触媒する酸化酵素である．これらを増大させるには，血液の場合と同様に筋組織内に酸素不足を引き起こすことが必要である．これらの点を考慮すると，トレーニングとしては血液の場合と同じトレーニングがよいと考えられる．

　スプリントトレーニングは，乳酸を蓄積させ，有酸素性反応を抑制するので，有酸素性機構のトレーニングとしては不適切である．また，長い時間休息するインターバルトレーニングも不適切である．その理由は，クレアチンリン酸がATP再合成のエネルギーになるので，有酸素性エネルギーの産生を促進しないためである．

(3) $\dot{V}_{O_2 max}$ のトレーニングの具体例
a. 持続トレーニング
　基本形は，運動中の酸素摂取量が $\dot{V}_{O_2 max}$ に達する中距離タイプの運動である．運動強度は，酸素摂取量で規定すると80〜90％ $\dot{V}_{O_2 max}$，速度で規定するとレーススピードの80〜90％，心拍数で規定すると最大心拍数から10拍以内を用いる．1回の運動時間は3〜6分，回数は3〜8回である．運動と運動の間に1〜3分の休息を入れる．このように条件を規定する理論的背景は，図2.5で示したように $\dot{V}_{O_2 max}$ に達するのに少なくとも3分かかり，そのレベルを1〜3分持続する必要があるからである．ただし，このトレーニングばかりを行うと単調になる．

b. インターバルトレーニング
　インターバルトレーニングで $\dot{V}_{O_2 max}$ の改善を目的とする場合，運動強度は，80〜110％ $\dot{V}_{O_2 max}$，レーススピードの80〜90％，最大心拍数から10拍以内を用いる．1回の運動時間は30秒〜2分，回数は10〜60回である．休息は，運動時間と休息時間の比が1：0.5前後になるように設定する．このように条件を規定する理論的背景は，① 運動開始後4〜8分で $\dot{V}_{O_2 max}$ に達する．② 図2.23に示したように休息時間が長すぎると $\dot{V}_{O_2 max}$ に達しない．③ 総繰返し数を休息なしに連続して行うストレートセットより，総繰返し数をいくつかのセットに分割してセット間に休息をはさむほうがよい．これは，ストレートセットの場合，疲

第2章　たくましく生きるために

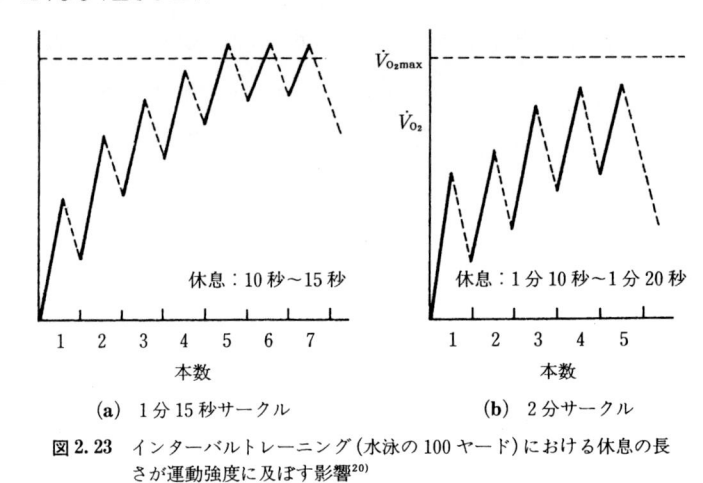

(a) 1分15秒サークル　　休息：10秒〜15秒

(b) 2分サークル　　休息：1分10秒〜1分20秒

図2.23　インターバルトレーニング（水泳の100ヤード）における休息の長さが運動強度に及ぼす影響[20]

表2.6　水泳におけるインターバルトレーニングとレペティショントレーニングの分類

	インターバルトレーニング	レペティショントレーニング
距離	25 m, 50 m, 75 m, 100 m, 200 m, 300 m, 400 m, その他	75 m, 100 m, 150 m, 200 m, 300 m, 400 m, その他
反復回数	比較的回数が多い 50 m×40 回 100 m×20 回 200 m×10 回 その他	比較的回数が少ない 75 m×6 回 100 m×6 回 200 m×4 回 その他
休息時間	比較的短い休息時間 （不完全休息）	比較的長い休息時間 （完全休息）
練習の強度（質）	ベストタイムの80〜90％程度のスピードが多い	ベストタイムの90％以上のスピード，本人の限界への挑戦
水泳前後のHR	前　130拍/分 後　170〜180拍/分	前　90拍/分 後　190拍/分

労のためにスピードが低下し，$\dot{V}_{O_2\,max}$に達しない場合があるからである．水泳におけるインターバルトレーニングの具体例を表2.6に示した．

(4) ATのトレーニングの具体例

ATを改善するために，LSDトレーニングやファルトレクトレーニング等の持続トレーニング，あるいはインターバルトレーニングが用いられる．これらの

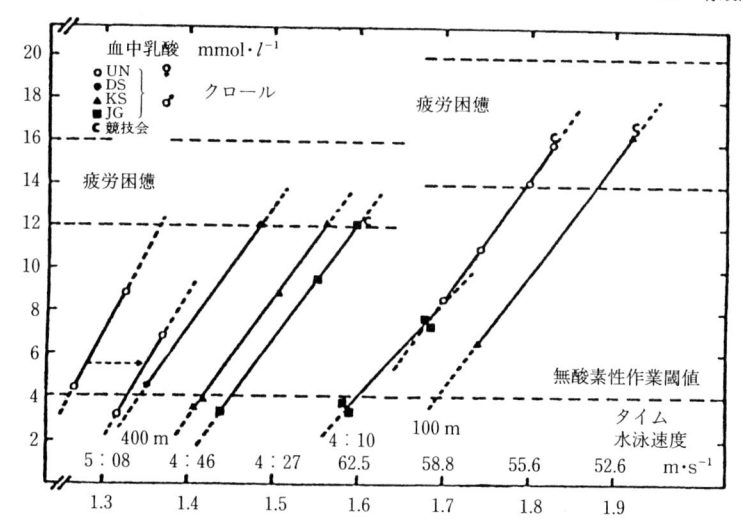

図 2.24 水泳の 100 m と 400 m の場合における血中乳酸濃度と水泳速度との関係[21]

トレーニングにおいて，近年，運動強度の設定やトレーニング効果の判定に AT を用いるようになってきた．その方法を水泳を例に示すと，2～3 回のトライアル (2 回の場合は 1 回目は最高速度の約 85 %，2 回目は最高速度) の後，血液を採取し，乳酸濃度を分析する．そして，血中乳酸と水泳速度の関係を示すと図 2.24 のようになる．ここで，血中乳酸を余剰に蓄積することなく運動を長時間続けられる血中乳酸レベルは 4 mmol/l (2 節の OBLA) である．したがって，このレベルと回帰直線との交点に相当する水泳速度が AT を改善するためのトレーニング強度とされる．

このトライアルは，有酸素能力の向上を調べるために 2～3 週間おきに定期的に実施される．持久性トレーニングにより回帰直線は右方向に移動する (同図に一部示されている)．この右方変位に応じて新しいトレーニング速度が決定される．このような方法で決定された運動強度は，図 2.25 に示したように，シーズンの初期から後期にかけて変化していく[20]．これは，シーズンの経過とともに 4 mmol/l の血中乳酸に該当するスピードと心拍数が上昇していくためである．しかし，いずれのシーズンにおいても，AT のトレーニング強度は $\dot{V}_{O_2max}$ のトレーニング強度より低くなる．このため休息は，運動時間と休息時間の比が 1：

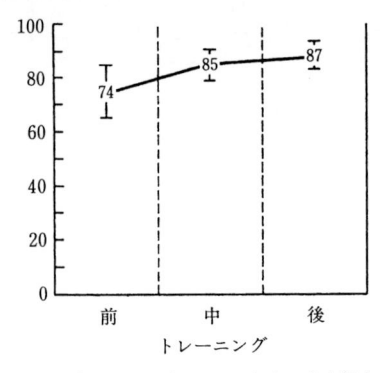

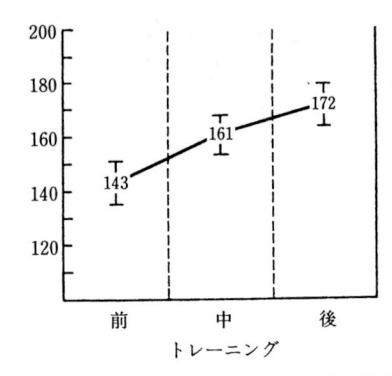

(a) 血中乳酸 4 mmol を生み出す努力の割合（最高速度に対する%）

(b) 血中乳酸 4 mmol を生み出す心拍数

図 2.25　血中乳酸濃度 4 mmol を生み出す努力の割合（左図）と心拍数（右図）に及ぼす 6 週間の水泳トレーニングの効果[20]

0.5 以下になるように設定する．他の条件は $\dot{V}_{O_2\,max}$ のトレーニングと同じと考えてよい．

(5) 心拍数による各種運動の運動強度

　体育授業や各種スポーツ活動が有酸素能力の向上に及ぼす効果を推定するために，心拍数が測定されている．ゴールを競うサッカー，バスケットボール，ハンドボールなどは授業全体の平均でも 140～150 拍であり，試合中だけに限れば 170～175 拍/分 (80 % $\dot{V}_{O_2\,max}$) とかなり激しい持久性の運動である．これに対して，ネットを隔ててボールを打ち合うテニス，バレーボール，卓球などは，試合中でも 130～140 拍/分 (60 % $\dot{V}_{O_2\,max}$) であり，15 分間の運動でようやく軽いトレーニングになる．しかし，バドミントンはゲーム中は 170 拍/分に達している．野球は授業全体を通しても 123 拍/分と低いが，ゲーム中だけに限ると 118 拍/分 (40 % $\dot{V}_{O_2\,max}$) とさらに低く，持久性の運動としてはやや弱すぎる．水泳の技術練習は 110～130 拍/分と弱く，インターバルトレーニングでは 150～180 拍/分と激しいが，授業全体では 125 拍/分（水中の補正をして 66 % $\dot{V}_{O_2\,max}$）である．

(6) 持久性トレーニングの効果

　$\dot{V}_{O_2\,max}$ と AT は持久性トレーニングにより増大するが，その原因として循環

器系の改善が長年考えられてきた．しかし近年，持久性トレーニングにより筋の酸素取込み能力が向上し，このことも $\dot{V}_{O_2 max}$ の増大に寄与することが明らかにされている．この能力の向上には多くのメカニズムがある．

その一つは，筋線維をとりまく毛細血管数の増加と，それに伴う筋血流量の増加である．筋血流量は持久性トレーニングにより最大強度の運動時に 10〜60％増加する．第二の要因は筋細胞内に生じる生化学的変化である．筋細胞内のミオグロビン，ミトコンドリア，および酸化酵素活性はいずれも持久性トレーニングにより改善される．さらに，筋収縮のエネルギー源である筋グリコーゲン量も持久性トレーニングにより増大する．

これらの機能の改善はトレーニング中に活動した筋線維にだけ生じる．したがって，特定のスポーツ能力の向上を期待する場合には，トレーニングをその種目以外の運動で行うのではなく，特定のスポーツあるいはそのスポーツの運動形態に近い運動様式で実施する．より厳密には，試合に出場する種目で実施するのが望ましい．

2.4 無酸素能力

(1) レペティショントレーニングとスピードトレーニング

図 2.20 で示したトレーニングのうち無酸素能力の改善に効果があるのは，レペティショントレーニングとスピードトレーニングである．

a. レペティショントレーニング

これは，無酸素能力のうちでも特に乳酸系の改善を目的とし，非常に強い運動（心拍数で 190 拍/分前後）と完全休息（心拍数で 90 拍/分）を交互に繰り返すトレーニング方法である．このトレーニングでは，乳酸が発生して最も激しいトレーニングとなる．このため，乳酸を分解して疲労を回復させるために休息時間を長く（3〜5分）とるのが特徴である．

このトレーニングの実施形式は，運動と休息を繰り返すという意味ではインターバルトレーニングと同じである．このため，どこからがインターバルトレーニングで，どこまでがレペティショントレーニングというように，両者の間に明確な線引きをするのは難しい．しかし，両者の間に相対的な区別は存在する．表

2.6を参照しながら，水泳を例として運動距離，反復回数，休息時間，運動強度の観点からこの区別を説明しよう．

運動距離には大きな差はないが，レペティショントレーニングでは 50 m 以下の短い距離を用いない．これは，50 m 以下の距離では別のエネルギー供給機構，すなわち ATP-CP 系を強化することになるためである．反復回数は，インターバルトレーニングでは比較的多いのに対し，レペティショントレーニングでは比較的少ない．これは，レペティショントレーニングは運動強度が非常に強いため，回数を多くこなせないためである．休息時間は，インターバルトレーニングは比較的短いのに対し，レペティショントレーニングでは比較的長い．これは，インターバルトレーニングが疲労を完全には回復させない不完全休息であるのに対し，レペティショントレーニングでは疲労を十分に回復させる完全休息のためである．運動強度は，インターバルトレーニングはベストタイムの 80〜90 % の速度を用いるのに対し，レペティショントレーニングでは 90 % 以上を用い，本人の限界に挑戦する．

b. 乳酸性機構のトレーニングの具体例

基本的には，1回の運動時間が1分前後のレペティショントレーニングを用いる．運動強度は，血中乳酸で規定すると 12〜20 mmol/l，速度で規定するとレーススピードの 85〜95 %，心拍数で規定するとほぼ最大心拍数を用いる．回数は 10 回程度が限度である．運動と運動の間に 3〜5 分の休息を入れる．このよ

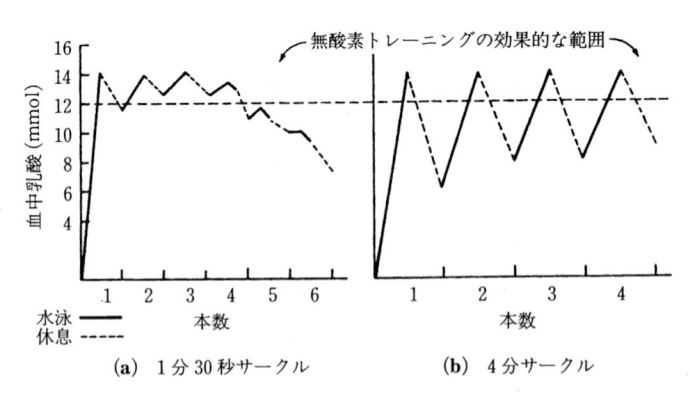

図 2.26 レペティショントレーニングにおける不十分な休息(a)と十分な休息(b)が血中乳酸に及ぼす影響[22]

うに条件を規定する理論的背景は，1分前後の最大努力の運動で血中乳酸が最大値に達し，休息時間が短すぎると，アシドーシスが極端になりすぎ，運動速度が低下するためである．

たとえば，図2.26はレペティショントレーニングにおける不十分な休息と十分な休息が血中乳酸に及ぼす影響を検討したものである[22]．左図は，1分30秒に1回の間隔で，約1分の最大運動を行った．この場合，休息時間が約30秒と短いために休息期に乳酸を十分に除去できない．このため，5回目からはスピードが低下し，運動期の血中乳酸が上昇しなくなる．右図は，4分に1回の間隔で，約1分の最大運動を行った．この場合，休息時間が約3分と乳酸を除去するのに十分長いために水泳スピードは低下せず，運動期に高濃度の血中乳酸が持続する．

運動時間が1分以下のレペティショントレーニングでは，運動強度はレーススピードの85～90％を用いる．回数は基本形より多くし，休息時間は基本形より短くする．図2.27は水泳で50ヤードを20回繰り返したときの血中乳酸を示したものである．この場合，10回終了時点では乳酸の蓄積は不十分であり，効果が期待されるのは後半の回数である．

運動時間が1分以上の場合には，運動強度は，レーススピードの90～100％を用いる．回数は基本形より少なくし，休息時間は基本形より長くする．無酸素

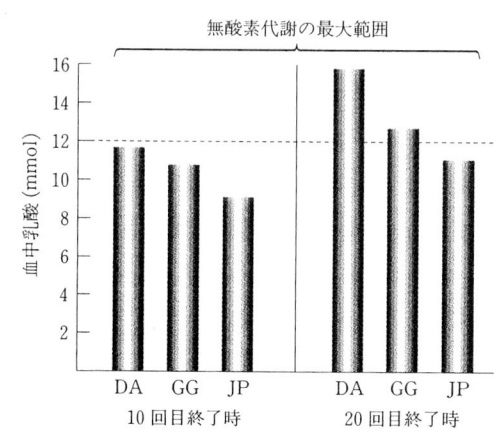

図2.27 3名の被検者が50ヤードを20回，1分30秒サークルで泳いだときの10回目終了時と20回目終了時の血中乳酸[22]

性機構を支える生理学的機能にも種目特異性があるために，このタイプのトレーニングは試合に出場する専門種目で実施するのが望ましい．

レペティショントレーニングを実施するには，実施時期と実施頻度に留意する．実施時期については，競技シーズンが終わり，身体的にも精神的にも疲労が蓄積しているシーズンオフや準備期にはあまり行わない．このトレーニングを本格的に行うには，競技に向けて集中力が高まってくる頃からがよい．身体的，精神的負担が非常に強いため，ジュニア選手や非鍛錬者に対してはあまり実施しない．よく鍛錬した選手に対しても，1週間に2～3回の頻度で実施することが多い．

c. スピードトレーニング

これは，無酸素能力のうちでも特にATP-CP系の改善を目的とし，30秒以内の非常に強い運動と完全休息を交互に繰り返すトレーニング方法である．このトレーニングがレペティショントレーニングと異なる点は，運動時間が30秒以下と短い点である．このためにFT筋線維が動員され，ATP-CP反応が促進し，またこの反応を触媒するATPアーゼやクレアチンフォスフォキナーゼ(CPK)の酵素反応も活性化する．このトレーニングでは，CPの回復を図るために，運動時間の3倍の休息時間をとる．休息時間が短いと乳酸が発生してスピードが低下し，乳酸性機構のトレーニングになってしまうからである．このトレーニングは乳酸が発生しないので，スピードが速くても苦痛はないのが特徴である．

d. ATP-CP系のトレーニングの具体例

基本的には表2.4に示したように，運動時間でいえば30秒以下，距離でいえば陸上競技の場合100m以下，水泳競技では25m以下のスピードトレーニングを用いる．運動強度は，レーススピードの95～100％以上の速度を用いる．心拍数は運動時間が短すぎるために運動強度の指標にならない．運動時間と休息時間の比は1：3になるように設定する．ジョギングから次第にスピードを上げ50～100mを走る加速走，2度のスプリントをジョギングまたは歩行でつなぐホロースプリントも，このトレーニングに属する．

これらのほかに，スプリントトレーニングには負荷をかけた状態で運動をさせる二つの方法がある．一つは，運動の進行方向とは逆方向に超過負荷をかける方法であり，レジスタンストレーニングと呼ばれる．この方法の超過負荷のかけ方

には，弾性チューブを引っ張りながら運動したり，また陸上競技でタイヤを引きながら走る方法，水泳競技でバケツを引きながら泳ぐ方法などがある．

　これらのトレーニングにおいては，あまりに強い超過負荷によるトレーニングの効果は疑問視される．高負荷になりすぎると運動の速度が低下し，速筋線維の動員が望めないためである．もう一つは，運動の進行方向に超過負荷をかける方法であり，スプリント・アシステッドトレーニングと呼ばれる．これは，強制的に身体が速く動かされることにより，自分自身の能力では達成できないスピードを体験し，獲得することをねらいとして行われる．

　このトレーニングの例として，陸上競技では坂道をかけ下ったり，弾性チューブで牽引されながら走ったり，トレッドミル上をレーススピード以上の速度で走る方法がある．水泳競技では，足ヒレをつけて泳いだり，弾性チューブで牽引されながら泳いだり，スタートダッシュで10mを泳いだり，回流水槽でレーススピード以上の速度で泳ぐ方法がある．これらの方法では，より多くの速筋線維が動員され，ATP-CP反応が促進されるために効果の高い方法である．

(2) 筋力トレーニング

　筋力トレーニングは従来多くのスポーツ種目において筋力強化の補助手段として用いられてきたが，今日では筋力だけでなく，パワーや持久力の強化手段として，また筋収縮のタイプに対応してさまざまな方法が開発されている．

a. 運動中の筋線維の動員

　ヒトの筋線維は大きく二つに分類される．一つは収縮速度の遅い遅筋線維(slow twitch fiber：ST線維)である．これは，張力も低いが，持久力にはすぐれている．エネルギー源としては有酸素性エネルギーを用いる．もう一つは収縮速度の速い線維(fast twitch fiber：FT線維)である．これにはST線維の対極の特性，すなわち張力は非常に大きいが持久力には劣り，エネルギー源としては無酸素性エネルギーを用いるFTb線維と，これら二つの筋線維の中間的な特性，すなわち張力も大きく持久力にもすぐれ，エネルギー源としては無酸素性エネルギーと有酸素性エネルギーの両方を用いるFTa線維の二つがある．なお，ST線維はtype I，FTa線維はtype IIa，FTb線維はtype IIbと分類されることもある．

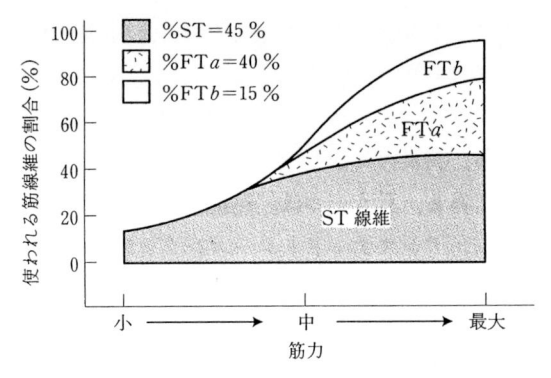

図 2.28 発揮される筋力の大きさと対応させて示された筋線維の動員様式[22]

　図 2.28 は，これらの筋線維の動員様式を，発揮される筋力の大きさと対応させて示したものである．ST 線維は筋力の低いところから最大筋力まですべての範囲で動員される．しかし，FT 線維は発揮される筋力が高くなってから，すなわち FTa 線維と FTb 線維は最大筋力の 50％ 近くになってから動員され始める．このような筋線維の動員様式から，素早い動きが要求される短距離選手では筋力の高いところのトレーニングを量的に多くし，素早い動きは必要ないが粘り強さを要求される長距離選手では筋力の低いところのトレーニングを量的に多くする．このことは，筋力トレーニングばかりでなく，通常のトレーニングにおいても共通する原則として指摘できる．

b. 筋力トレーニングの種類

　最も古典的な筋力トレーニングは，筋が長さを変えないで力を発揮するアイソメトリック（等尺性）トレーニングである．これは固定物である壁や柱を押したり，棒や布を引いたりする等の，動きを伴わないトレーニングである．また，図 2.29(a) に示したように補助者が抵抗を加える方法もある．このトレーニングの長所は，特別な器具は必要ないので，どこでも簡単にできる点である．短所としては，トレーニングが行われる角度以外では効果がないので，さまざまな角度でのトレーニングが必要になる点である．

　アイソメトリックトレーニングで効果が出始める運動強度は，最大筋力の 40 ～50％ であり，この場合は 15～20 秒の運動時間を必要とする．最大筋力を発揮した場合は 2～3 秒の運動時間でよい．初心者の段階では軽い運動強度から始め，

2.4 無酸素能力

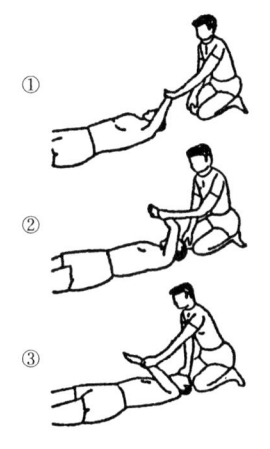

(a) クロールの腕の動作を3種類の関節角度でトレーニングしているアイソメトリックトレーニング

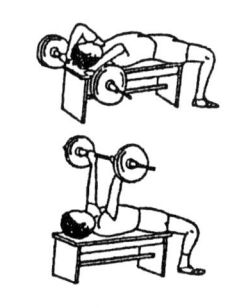

(b) バーベルを使ったコンセントリックトレーニング

(c) 台から跳び降りた直後に跳び上がるエキセントリックトレーニング

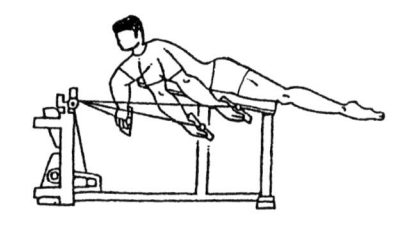

(d) ミニジムを用いてクロールの腕の動作をトレーニングしているアイソキネティックトレーニング

図 2.29　各種筋力トレーニングの例

トレーニングが進むに従ってより強い運動強度に移っていくとよい．スポーツ選手では最大筋力でトレーニングしたほうが効果が大きい．

　第二のトレーニング方法は，筋が短縮しながら（長さを変えながら）一定の力を発揮するコンセントリックトレーニングである．これは腕立て伏せのように体重を負荷として利用したり，バーベルやダンベルを持ち上げるトレーニングである（図 2.29 (b)）．このトレーニングの長所は，動きを伴うために実際の動作に近いことと，特に高価な器具を必要としないことである．短所としては，このト

レーニングでは一定重量が筋に負荷されているが，筋の発揮できる最大の力は関節角度によって異なるので，筋に対するトレーニングの相対的な負荷は関節角度によって異なることである．

コンセントリックトレーニングで最大筋力を測定するのは危険を伴うので，運動強度の基準として反復回数を用いるのが実用的である．この目安としては，10回の繰返しが可能な重量が最大筋力の約70％に相当する．コンセントリックトレーニングではゆっくり持ち上げると筋力が向上し，すばやく持ち上げるとパワーが向上する．また，スポーツ選手が専門種目に直結する筋力を作り上げる場合には，ゆっくり持ち上げるより専門種目のテンポで持ち上げるほうが効果が大きい．筋力，パワー，筋持久力の向上を目指した場合に用いられる一般的な実施方法を表2.7に示した．コンセントリックトレーニングにおいて比較的長期にわたって継続でき，慢性疲労の危険なしに効果の上がる運動頻度は週3〜4回である．

第三のトレーニング方法は，筋が引き伸ばされながら（長さを変えながら）一定の力を発揮するエキセントリック（伸張性）トレーニングである．腕相撲において，負けつつある側の上腕二頭筋はちょうどこの状態にある．

このほかに最近，台から飛び降りて着地すると同時に飛び上がるドロップジャンプ等が開発されている（図2.29(c)）．膝を曲げて静止した状態から飛び上がる場合はコンセントリック筋収縮になるので，このトレーニングのポイントは着地した直後に大腿四頭筋が引き延ばされているとき飛び上がることである．さらに，連続ジャンプのように，このような筋の伸張性収縮と短縮性収縮を連続して

表2.7 トレーニングのねらいに対応したコンセントリックトレーニングの実施方法

ねらい	筋力	パワー	筋持久力
強度	10 RM (70 % max)	10〜60 RM (30〜60 % max)	60〜100 RM (25〜30 % max)
回数	10回	10〜20回	できるだけ長く
テンポ	2秒に1回	素早く	快適な
頻度	3セット	3セット	3セット

(注) RMとはrepetition maximumの略で，反復最大量と訳される．10 RMとは，疲労するまでに10回持ち上げることができる最大負荷量のことである．これは最大筋力の約70％に相当する．

生じさせるトレーニングを特にプライオメトリックトレーニングと呼んでいる．

エキセントリック筋収縮では，コンセントリック筋収縮より40％大きい筋力が発揮される．しかし，トレーニング効果はコンセントリック筋収縮と同じであるとする報告もあり，効果の程度は明確ではない．また，筋肉痛や傷害の危険性もあるので十分に指導を受けて取り組む必要がある．なお，コンセントリック，エキセントリック，プライオメトリックトレーニングは，総称してアイソトーニック（等張性）トレーニングと呼ばれる．これは，筋長が一定のアイソメトリックトレーニングに対比して，筋の発揮する張力が一定という意味で用いられる用語である．

第四のトレーニング方法は最も新しい方法であるが，筋が一定の速度で短縮しながら筋力を発揮するアイソキネティック（等速性）トレーニングである（図2.29(d)）．筋が短縮しながら筋力を発揮する点ではコンセントリックトレーニングと同じである．しかし，このトレーニングでは機械的にブレーキをかけて，あらかじめ設定された速度を超えないように運動の速度が調節される．したがって，速度を加速しようとして加えられる力が負荷となるため，アイソメトリックトレーニングの弱点を克服して，関節の全可動範囲で最大負荷をかけることができる．また，運動の速度を考慮したトレーニングが可能である．しかし，器具が高価なことと，動作様式の種類に限界があるのが欠点である．

c. 筋力トレーニングの原則

2.2(3)で述べたトレーニングの原則はすべて筋力トレーニングにもあてはまるが，筋力トレーニングでは特にオーバーロードの原則と，漸進性の原則が重要である．さらに，筋力トレーニングに特異な原則として運動配列の原則がある．

この原則の一つは，大筋群は小筋群より先に行うように配列するというものである．この理由は，小筋群は大筋群より疲労しやすいために，小筋群を先に行うと大筋群に過負荷をかけることができなくなるためである．

この原則のもう一つは，同じ筋群を使う運動を続けて配列しないというものである．この理由は，同じ筋群を続けないで別の筋群の運動を配列すると，その間に適度な回復が図れるためである．

もう一つ，筋力トレーニングで特に重要なのは運動種目特異性の原則である．これは，一つは動作様式に関するもので，ある特定のスポーツに含まれる動作パ

第2章 たくましく生きるために

1. 綱振り（握りと引張り）
2. 重りの巻上げⅠ（握り） 
3. 重りの巻上げⅡ（握り） 
4. 懸垂屈腕（引張り） 
5. 腕とび（引張り） 
6. 重り引き（引張り） 
7. 腕立伏臥腕屈伸（押上げ） 
8. 平行棒での腕屈伸（押上げ） 
9. バーベルの押上げ（押上げ，または腕上げ） 
10. ダンベルの横上げ（腕上げ） 
11. バーベルの振上げ（腕上げまたは背の運動） 
12. バーベルの巻上げ（背の運動） 

図2.30 サーキットトレーニング

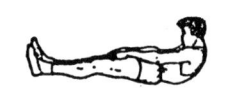

2.4 無酸素能力

13. 仰臥胸まげ（腹の運動） 　14. 上体越しねじり（腹の運動） 　15. いすの登り降り
　　　　　　　　　　　　　　　　　　　　　　　　　　　　　　　　（脚および全身的運動）

16. ダンベル跳び　　　　　　　17. しゃがみ跳び　　　　　　　18. ダンベルをもって膝の曲げ
　　（脚および全身的運動）　　　　（脚および全身的運動）　　　　　伸ばし（脚および全身的運動）

19. バーベルを担いで膝の曲げ　20. スクワット・スラスト　　　21. 跳上がり引上げ（複合運
　　伸ばし（脚および全身的運動）　　（複合運動-腹，全身）　　　　　動-引張り，脚，全身）

22. 跳上がり腕立て（複合運　　23. いすの持上げ（複合運動-押　24. 縄ばしご登り（複合運動-
　　動-押上げ，脚，全身）　　　　上げ，腕上げ，脚，全身）　　　　引張り，脚，全身）

を構成する運動の具体例[23)]

ターンにできるだけ類似させて行う必要があるというものである．もう一つは，運動速度に関するもので，ある特定のスポーツの動作速度かそれより若干速い速度で行う必要があるというものである．古い時代の筋力トレーニングで必ずしも効果が上がらなかった，あるいは効果が少なかったのは，この特異性の原則を踏まえていなかったためである．この原則を生み出す生理学的メカニズムとして，前節で述べた筋組織内に生じる現象と，神経筋の協応，すなわち運動スキルの向上に関連する現象が考えられる．

d. 筋力トレーニングの効果

筋力の向上には二つのメカニズムがある．一つは筋肥大によるものである．筋力は筋の横断面積に比例し，横断面積 $1\,cm^2$ 当たり $6\,kg$ の筋力が発揮される．筋肥大の主な要因は，個々の筋線維が肥大することによる．最近の研究では，FTa 線維の分裂による筋線維数の増加も明らかにされている．ハイパワーのトレーニング後には，遅筋線維よりも速筋線維の割合が増加する．筋力トレーニング開始数週間後からの筋力の緩やかな増加は，この筋肥大が原因している．筋力向上のもう一つのメカニズムは神経系の影響である．筋力トレーニング開始後数週間で筋力は急激に増加する．この間筋線維の肥大は少ないので，これは神経筋の協応の向上によるものである．かけ声やピストル音などとともに筋力を発揮すると，普通に筋力を発揮する場合より2割程度筋力が高くなる．これも神経系が集中力を高めた結果である．

(3) サーキットトレーニング

サーキットトレーニングは，大学生の体力の向上を目的として，1950年代初頭にイギリスのMorganとAdamsonにより考案されたトレーニング方法である．このトレーニングは特定の体力要素を向上させるのではなく，体力を総合的に高めるのが特徴である．このため，筋力，パワー，敏捷性を高める種目を休息をおかず次々に連続して実施していく．このような実施方式からサーキットという名称が生まれた．

個々の種目は無酸素的であり，これの連続により有酸素能力が高まるので，両方の能力を同時に高めることができる．具体的な実施方法は，上肢，体幹，下肢の筋群を使う運動を6～12種目選ぶ（図2.30）．そして，各部位の運動が続かな

いように1セットの組合せを作り，これを休みなしに2〜3セット繰り返す．1種目の運動回数としては，30秒または1分間に反復できる最高回数の2分の1が用いられる．トレーニング効果は1セットに要した時間をもとに判断される．1セットの時間が1分近く短縮されたら，1種目ごとの回数を増やすか，新しい種目と取り替える．

(4) スポーツ種目と体力
a. スポーツ種目の体力に及ぼす効果

表2.8は，いろいろなスポーツ種目において要求される体力要素をまとめたものである．陸上競技の跳躍や投てきでは特に無酸素能力が要求される．これとは対照的に，陸上競技と水泳競技の長距離種目などでは有酸素能力が必要である．器械体操や卓球では調整力が必要である．サッカーなどの球技種目では，有酸素能力の持続の中で間欠的に無酸素能力を要求される．したがって，それぞれの種目で要求される体力に応じてトレーニングの種類を選択することが大切である．

一方，この表は逆の観点から見れば，個々のスポーツ種目はどのような体力要素に効果をもつかを示している．スポーツ種目の選択にあたっては，その人の社会的条件，好み，技能の程度などが考慮されようが，体力の観点からはこの表が参考となろう．

b. 運動の実施方法とその効果

ただし，表2.8の運動効果は原則を示したものであり，運動のもたらす効果は実施方法により大きく異なってくる．たとえば，テニスのグランドストローク練習を定位置で行った場合には体力面での効果はほとんど期待できないが，左右にゆっくり移動しながら行った場合には有酸素能力が改善され，すばやく移動しながら行った場合には無酸素能力が改善される．したがって，同じ運動であっても，何を目的とするかによって，その実施方法を変えなければならない．

これに対して，たとえ運動種目が違っていても，運動の実施方法が同じならば，その効果はほとんど同じになる．たとえば，有酸素能力を改善させようとするとき，運動の強さ，時間，頻度などの条件を同じにすると，ジョギングでも水泳でもサイクリングでも，同じ効果が得られる．したがって，スポーツを行う目的に応じて運動の実施方法を考慮する必要があろう．

第2章　たくましく生きるために

表2.8　体力に及ぼす各種運動の効果

分類	運動種目	無酸素能力	有酸素能力	調整力
体操	徒手体操	○	○	○
	器械体操	○	○	◎
陸上競技	歩行	○	○	
	ジョギング	○	◎	
	短距離走	◎	○	◎
	長距離走	○	◎	
	跳躍	◎		○
	投てき	◎		◎
水泳	水泳	○	◎	◎
	水球	○	○	◎
	シンクロ	○	○	◎
ダンス	ダンス	○	○	○
武道と格技	柔道	◎	○	○
	剣道	○		○
	弓道	○		○
	レスリング	○	○	○
重量挙	重量挙げ	◎		
冬期競技	スキー	○	○	◎
	スケート	○	○	◎
	アイスホッケー	○	○	◎
球技	バレーボール	○	○	○
	バスケットボール	○	○	○
	サッカー	○	◎	○
	テニス	○	○	○
	ラグビー	○	○	○
	バドミントン	○	○	◎
	卓球	○	○	◎
	野球	○	○	◎
	ハンドボール	○	○	○
	ボウリング	○		○
	ホッケー	○	○	○
	ゴルフ	○		○
野外活動	サイクリング	○	◎	○
	ハイキング	○	◎	
	オリエンテーリング	○	◎	○
	登山	○	◎	○
	ヨット	○		○
	魚釣り	○		○
その他	乗馬	○		◎

(注)　○効果がある　○かなり効果がある　◎著しく効果がある

2.5 スポーツとスキル

(1) スキルとは

あらゆるスポーツ種目はそのスポーツに固有の運動課題をもっている．この運動課題を解決するための合目的的かつ経済的な運動のしかたが，スキルと呼ばれる．

水泳競技を例にとろう．この競技の運動課題は，決められた距離を他の選手より短い時間で泳ぐこと，すなわち速度を競うことである．いろいろな速度で泳いだときの酸素摂取量を比較して，水泳のスキルがどのような形で現れるかを示すと図 2.31 のようになる．この場合，一定の速度で泳いだときの酸素摂取量は，一流水泳選手，鍛錬者，非鍛錬者の順，すなわち水泳技能の熟練度が高い泳者ほど低くなっている．言い換えると，同じ量のエネルギーを使った場合には，水泳技能に熟練した者ほどより速く泳げることになる．このことは，泳ぎが経済的で，効率的になることを意味する．スキルの差は，一つはこういう形になって現れる．

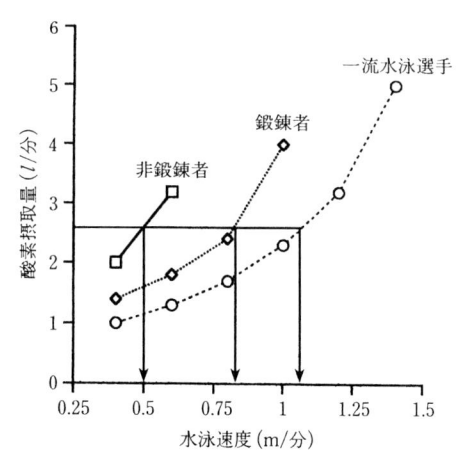

図 2.31 クロールにおける水泳速度と酸素摂取量の関係 同じ量のエネルギー(酸素摂取量)を使った場合には，一流水泳選手，鍛錬者，非鍛錬者の順，すなわち水泳技能の熟練度が高い泳者ほど速く泳ぐことができる

もう一つ，野球のホームランを例にとろう．この場合は，ピッチャーの投げたボールをバットにあてて遠くに飛ばすことが運動課題である．ボールを遠くへ飛ばすための一つの条件は，強力なパワーである．しかし，いくら強力なパワーの持ち主でも，バットをボールにあてることができなければ，ホームランは打てない．バットをボールにあてるためには，バッターはピッチャーの投げる球種を予測し，どのコースを通って，いつ，どこにボールがくるか

を正確に予測することがまず必要である．さらに，予測したボールに対して最適な打撃力を加えるために，タイミングよくバットを振り出さなければならない．このためには，いつ，どの筋群に，どの程度の力を発揮させるかを指示する必要がある．すなわち，力の使い方を制御する必要がある．この能力がスキルなのである．

このスキルを呼ぶとき，運動のしかたが客観的に示されたものを運動技術と呼び，運動技術が修得されて個人の資質となって発現したものを運動技能と呼んで区別する場合がある．スキルはまた，前節の体力の分類に関連していえば，エネルギー系の体力ではなく，サイバネティックス系の体力に属するものである．サイバネティックス系の体力には二つの要素がある．一つは，反射のように自分の意志とは無関係に働く不随意的能力である．もう一つは，状況を的確に判断し，自分の意志によって筋力を調節したり，動作を切り換えたりする随意的能力である．この後者の随意的能力がスキルと呼ばれる．

大築[24]はスキルの構成要素を図2.32のように示している．スキルは大きく，入力系と出力系の二つに分かれる．入力系の状況把握能力のなかの運動感覚(kinesthesis)というのは，視覚や聴覚などによらない身体の動きの感じである．目を閉じていても身体の傾きや動く方向がわかるのは，この感覚による．出力系

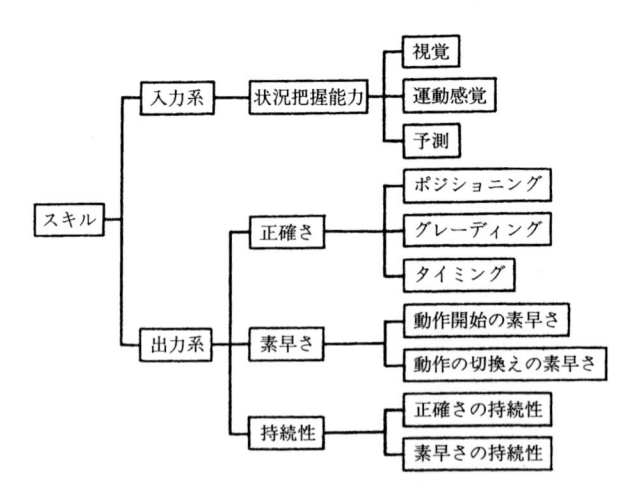

図2.32 スキルの構成要素[24]

の正確さのなかのポジショニング (positioning) とは手足の位置を正確に決める能力,グレーディング (grading) は筋力の強さを調節する能力,タイミング (timing) は時間的にいつ筋力を発揮するかを調節する能力である.

スキルは身体の機能に対応させれば,筋ではなく脳 — 神経系の働きに依存するものである.すなわち,運動を起こすのは骨格筋であるが,骨格筋に信号を送って運動のしかたを決めるのは神経系である.したがって,神経系から正しい信号が送られてくると運動がうまくできるが,正しい信号が送られてこないと運動がうまくできない.このように運動の上手・下手,すなわち巧みさを決めるという意味において,神経系の働きはスポーツにおいてきわめて重要である.

(2) 神経系による身体運動の調節

神経系は脳,脊髄および神経の複雑なネットワークから構成されており,すべての身体の機能と活動を調節している.神経系の基本単位はニューロンという神経細胞で,電気的あるいは化学的信号を伝達している.身体のなかには約100億ものニューロンがあり,その伝達速度は毎秒 50〜110 m と速いものである.神経系の働きは,単純化すると図 2.33 のように示される.

① 外界からの刺激が受容器(感覚器)から入力される.
② これが求心性神経(感覚神経)を経て中枢神経系に伝達される.
③ 中枢神経系ではいろいろな入力を総合的に処理し,判断する.
④ これが遠心性神経(運動神経)を経て効果器(骨格筋)に伝わる.
⑤ 効果器が働き,出力(身体運動)が生じる.
⑥ 出力が受容器や中枢に返送(フィードバック)されて,反応が微調節される.

このように神経系の働きは,受容器からの情報が入力されて中枢へ伝わり,中

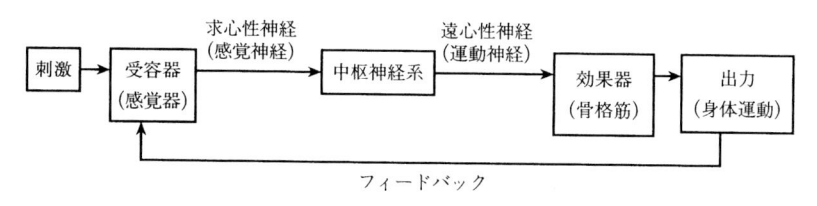

図 2.33 人間の身体運動発現の模式図

第2章 たくましく生きるために

枢での判断が末梢に伝達されて効果器が反応するという一連の過程と見なすことができる．

しかし，運動を調節する神経系の機構は実際には非常に複雑であることが明らかにされている．図2.34は，身体運動を神経系が調節する経路を模式的に示し

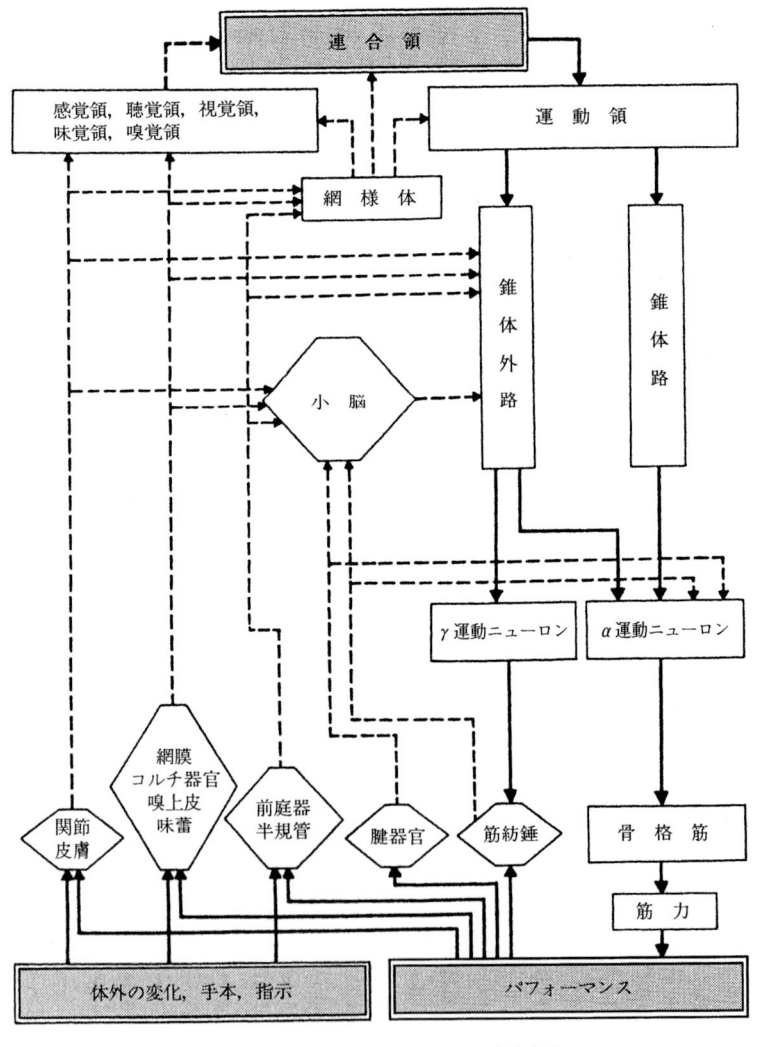

図2.34 身体運動発現の経路を示す模式図

たものである．この図に基づいて，水泳を例として神経系の調節機構を概説しよう．

まず，運動中に起こる体外あるいは体内の変化はいろいろな感覚器によって感知され，それに対応した感覚が発生する．これらの感覚のうち，身体運動にかかわる主なものは，視覚，聴覚，平衡感覚，触覚，圧覚，冷・温覚，運動感覚，筋疲労感覚である．

視覚は目の網膜より生じ，自分自身あるいは対象物の動きの速さや方向を判断する役割を果たしている．水中では，よく経験されるように対象物がかすんで見えるが，それでも水泳中の動作を調節するうえで視覚はいくつかの役割を果たしている．泳いでいるとき手の動きを確認したり，あるいは5mラインを見てターニングの準備に入るのは，この視覚の働きによる．また，練習中や試合中に隣のコースを泳いでいる選手の動きを観察したり，プールの底のタイルの流れから自分の速度を感知してペース配分を考えたりもする．

耳のコルチ器官から生じる聴覚は，水中では聴力に低下をきたすこともあり，視覚に比べればはるかに役目は少ない．しかし，波の音で速度を感知したり，試合中に観衆の声援を聞いたりするなど，ある程度の役割を果たしている．

頭部が直線的に動いたり，回転したり，傾いたりするのを感じとる平衡感覚は，内耳にある前庭および半規管により発生する．この感覚はスタートの構えの際の身体の傾き，ターニングの際の身体の回転，あるいは水泳中の身体のローリングやピッチングを感知するうえで重要な役割を果たしている．この感覚は視覚なしでも可能であるが，皮膚，筋肉あるいは関節からの感覚と視覚からの感覚が合成されてより正確になるといわれている．

水が皮膚に触れた感じ(触覚)，また皮膚が水圧で押された感じ(圧覚)は皮膚上の毛根神経網やパチニ小体などから発生する．水の抵抗を少なくするために身体を流線形に保ったり，手の平に水が抵抗として働く力を感知するのはこれらの感覚によるものである．これらは水泳技能を形成するうえで非常に重要な役割を果たしている．水の冷たい感じ(冷覚)あるいは温かい感じ(温覚)は，皮膚や粘膜にあるクラウゼ小体とルフィニ小体によりそれぞれ感知される．

水泳中の手がどのあたりの位置にあって，どの程度の力で水をかいているかは，手の動きをいちいち目で見て確認しなくても理解できる．つまり手足の動き

と力は視覚なしに感知できる。これは体内の深部にある感覚受容器から生じる運動感覚の働きによる。これを構成しているのは筋肉の内部にある筋紡錘、腱にあるゴルジ器官（腱紡錘）、そして関節にあるパチニ小体である。筋紡錘は発揮している筋力の大きさ、つまり張力を通して筋肉の動きを知るものである。腱紡錘もこれと同様な働きをしている。パチニ小体は手足の位置や方向を感知することに関係している。これらの感覚器は触覚、圧覚と協同して働き、腕のストローク動作や脚のキック動作を調節するうえで特に重要な役割を果たしている。

運動中の疲労感は、心臓の鼓動や呼吸運動の激しさから生じる中枢性のものと、筋中に蓄積した乳酸から生じる末梢性のものとが複合して生じると考えられている。この感覚は運動中に「きつさ」として自覚され、運動の強さを調節する手段になっている。

以上のように、水泳中にはさまざまな感覚器が関与するが、これらの感覚器が刺激を受けて興奮すると神経衝撃（インパルス）という電気信号を発生する。この信号は中枢に向かう求心性神経を伝わり、脊髄から脳幹を通って大脳の感覚領に達する。

感覚領は、その働きによって司る場所が異なっている。たとえば視覚では、大脳の後頭部にある視覚領に目からの信号が伝わって、そこで初めて見えたということが認識される。耳からの信号は大脳の側頭部にある聴覚領へ、関節や皮膚からの信号は体性感覚領にゆく。

このように感覚領は機能が局存しているので、それらを総合して処理しなければならない。この働きをするのが連合領である。連合領は大脳の広い範囲にわたって存在している。ものごとを統合して判断し、決断するには過去の記憶や経験なども考慮される。たとえば試合中に競り合っているとき、この選手はいつも後半疲労するし、自分のほうは調子がいいから、いつ頃スパートすれば勝っているだろうというような判断が下される。

このような過程を経て、連合領は身体運動を調節するための三大要素である、タイミング、グレーディング、ポジショニングに関する最終決定を下す。つまり、腕の動作の調節であれば、いつ、どの程度の強さで、どの筋を働かせて水をかくかを決定することになる。

この最終決定は運動領に伝達される。運動領では、上腕二頭筋を収縮させると

か，大腿直筋を緊張させるとかいうように，骨格筋と1対1に対応する単純な指令が発せられるだけである．

運動領から発せられた指令は末梢へ向かう遠心性神経を伝わって下降するが，これには錐体路と錐体外路の2種類がある．錐体路は脊髄や脳幹の運動ニューロンに直接連結する経路であり，意識して運動する随意運動に携わる．これは，精緻ですみやかな運動に関係する．他の一つの錐体外路は錐体路以外の遠心性経路を総称する用語である．この経路は小脳のコントロールのもとに，反射を中心とした複雑な不随意運動に携わる．

脊髄の前角にあるα運動ニューロンは中枢の最も末端にある神経細胞であり，錐体路と錐体外路の両方の支配を受けて普通の骨格筋線維(錘外筋線維)を支配している．γ運動ニューロンは錐体外路の支配を受け，筋紡錘内の筋線維(錘内筋線維)を支配している．そして，錘内筋線維の張力を変えて筋紡錘の感度を調節している．ところで，筋紡錘や腱紡錘からの情報は常に中枢に返送(フィードバック)されていて，直接α運動ニューロンに達したり，あるいは平衡機能を司る小脳と錘体外路を経由してα運動ニューロンを支配している．これらは，意識とは無関係に反射的に起こるが，動作の微細な制御にはなくてはならない働きである．

以上のように，錐体路および錐体外路の支配を受けてα運動ニューロンが興奮し，この支配を受けて筋が収縮することにより，水泳中のさまざまな動作が起こることになる．以上のような複雑な機構によって，水泳に限らずすべての身体運動は神経系により調節されている．

(3) 巧みな運動の種類

スポーツ活動中の動作が評価されるとき，一般的に「巧みさ」と「強さ」という二つの尺度が用いられる．ラグビーを例にとれば，スクラムで相手を一気に押し込んだときには「強い」と評価され，相手のタックルをひらりとかわしたときには「うまい」と評価される．表2.9には，スポーツに限らず日常生活の動作も含めたあらゆる運動・動作のうち，成功した場合に「うまい」と評価される動作の具体例が七つのカテゴリーにまとめられている[25]．それらは以下のように定義されている．

第2章 たくましく生きるために

表 2.9 「巧みだと評価される運動」に必要な体力の諸要素[25]

巧みだと評価される動作の条件	エネルギー的体力(パワー)			スキル									例
				正確さ			素早さ		持続性	状況把握能力			
	強さ	速さ	持久性	ポジショニング	グレーディング	タイミング	開始	切換え		視覚	運動感覚	予測	
キャッチ	○	○		○	○	○	○			○	○	○	野球の捕球, 打球一般, ラグビーのタックル, テニスのボレー
的当て				○	○	○			○	○	○		弓, 射撃, シュート, サービス
フェイント				○	○	○				○		○	バレーボールのフェイント, 剣道の誘い技
かわす	○	○		○	○	○	○	○		○	○	○	相撲のはたき込み, タックルをかわす
姿勢の安定	○	○		○	○	○			○		○	○	スキー滑走, スケート滑走, 体操, ダンス
繊細な動き				○	○				○		○		米粒に経文を書く, 模型づくり
複雑な動き				○	○	○			○		○		体操・舞踊などの複雑な動き, ピアノ, タイプライター

(注) 特に重要だと思われるものに ○ 印をつけてある. ○ 印がないものは相対的に重要度が低いものである (ただし, 不要だというわけではない).

① キャッチ —— 移動または制止している標的を, 手または手の代わりをするもの (足, 道具など) で補足する.
② 的当て —— 物体を身体から放して限定された空間領域に到達させる.
③ フェイント —— 自分の動きを相手に予測させてそれを裏切り, 自分に有利な状況を作る.
④ かわす —— 相手または障害物と自分との相対運動量をまともに受け止めない.
⑤ 姿勢の安定 —— 重力, 空気抵抗との合力が重心に作用するために必要な抗力が支持底面の中心付近に作用している.
⑥ 繊細な動き —— 関節角度 (骨格筋の活動) が細かく調節されている.
⑦ 複雑な動き —— 多数の関節が同時にコントロールされている.

表2.9には, これらの動作を成功させるために必要な体力要素も示されている. この表はまた, どのような体力要素をトレーニングすれば, 巧みな動作が可

能になるかを示していると見ることもできる．ここで，エネルギー系の体力については身体の機能と体力要素が対応しているので，筋力を鍛えるには骨格筋を，持久力を強化するには心臓に負荷をかければよい．

しかし，サイバネティクス系の体力については，スキルの各要素が具体的に神経系のいずれかの部分に対応しているのか，あるいは部分的な対応関係はなく，種々の部位の組合せに対応しているかなどという点については，まだほとんどわかっていない．したがって，スキルを改善する方法については不明の点も多いが，現時点では次項のようなことが明らかにされている．

(4) スキルの練習

体力を強化発達させる過程はトレーニングと呼ばれ，スキルを改善する過程は練習（プラクティス）と呼ばれる．練習によるスキルの改善は，一般的に次のような経過をたどる[26]．

① テレビやビデオ，指導者の師範などを見て，身につけようとする動作における身体の位置，姿勢，動作様式を知覚する．すなわち，視覚によってその動作のイメージを頭のなかに収める．

② その動作を模倣して，見よう見まねでやってみるが，目で見てつかんだ動作のイメージと，自分が運動し，感覚器を通して得た動作の理解との間には開きがある．このため，新しく身につけようとする動作が一度で自分の思いどおりになることはほとんどない．

③ このため，何度もその動作を反復練習する．この際，力の入れ具合とか，動きの速さなどを感覚器を通して知覚し，またこの知覚を指導者の助言などと照らし合わせて，改善していく．

スキルの改善が以上のような経過を踏まえることを考慮して，練習において重要だと考えられる注意点を以下に2点指摘しよう．第一に注目すべきことは，練習の初期段階から頭のなかにその動作のイメージが作り上げられていき，その動作の反復によって，イメージが強固なものにされていく点である．このため，スキルの各段階において，合理的な動作を観察し，よいイメージを作り上げていくことが重要である．第二は，運動の感じを自分の言葉で表現して，実際の動作と対応させることである．先にも指摘したように，一つのスポーツスキルを獲得

し，定着させるまでには何度も試行を繰り返し，失敗を重ねるものである．しかし，このような努力を重ねるなかで，あるときそのスキルの「こつ」をつかんで，そのスキルができるようになる．この「こつ」は言葉で表現することで客観化され，ある程度は人から人へ伝えられる．そのため，指導者などから「こつ」を受け継ぐことができる．しかし，「こつ」は直観的で感覚的なものである．このため，個人によって微妙な違いがあり，個人差がある．したがって，運動中の感じ(知覚)を自分の言葉でまず表現してみることが大切である．そして一方で，この感じが実際にはどのような動作になっているかを客観的事実と対応させて確認し，感覚と事実とのずれを修正していくことが重要である．客観的事実としては指導者などによる動作の観察，ビデオなどで撮影された動作などが利用できよう．

ところで，スキルの練習で効果を上げるために，心理学上の実験に基づいて，ある程度の基本的原則が明らかにされている．

① 大脳皮質の前頭連合野(意欲と創造を司る)を使う．練習の目標と手順を理解して練習しないと効果は上がらない．
② 反復 (repetition)．疲労しない限度内で練習量は多いほど効果がある．
③ 動機づけ (motivation)．意欲があるほど練習効果も上がる．
④ フィードバック (feedback)．結果の知識ともいう．動作の結果を知らせると上達が早い．
⑤ オーバーラーニング (overlearning)．一定の基準をクリアーした後，すぐ止めないで少し余分(基準クリアーに要した試行数の半分程度)に練習するほうが，練習効果の持続がよい．
⑥ レミニッセンス (reminiscence)．練習を休止して再会したときに前より上達している現象．スキルトレーニングではよく見られるが，その原因は不明である．
⑦ 転移 (transfer)．ある一つの動作を先に練習することによって後から行う練習の効果が影響を受けること．よい影響を受ける場合を正の転移，悪い影響がある場合を負の転移という．
⑧ イメージトレーニング (image training)．メンタルプラクティスともいう．ある学習しようとする動作を，自分がそれを行っているつもりになって

頭のなかにイメージを描くことによって，その動作を実際に上達させる方法である．これは，相手との対応動作のように不確定要素の大きい動作では効果がなく，自分の責任だけで遂行できる運動（バレーボール，テニスなどのサービス，バスケットボールのフリースロー，陸上競技の110 m ハードルなど）の修得において，実地練習と組み合わせれば効果がある．

ただし，以上の基本原則を踏まえても，スキルの修得には努力を伴うものである．しかし，ある程度の努力によってかなりの水準のスキルは修得できるものである．そして，新しいスキルを修得したときには深い喜びを伴うものである．この意味で，希望をもってスキルの練習に取り組む心がけが必要であろう．

文 献

1) 猪飼道夫他：体育教育の原理，東京大学出版会，p. 191，1973．
2) 宮下充正：体力を技術との関係で考える，体育の科学，杏林書院，1995．
3) 宮下充正・石井喜八編：運動生理学概論，大修館書店，p. 52, p. 125, 1983．
4) 浅見俊雄：スポーツの科学，東京大学出版会，p. 27, 1987．
5) Fox, E. L. : Sports Physiology, Saunders Company, p. 160, 1979.
6) 池上晴夫：運動処方，朝倉書店，p. 101, 1993．
7) 宮下充正編：一般人・スポーツ選手のための体力診断システム，ソニー企業，1986．
8) Margaria, R. : Measurement of muscular power (anaerobic) in man, J. Appl. Physiol., 21, pp. 1662〜1664, 1966.
9) 東京都立大学身体適性学研究室編：日本人の体力標準値第3版，不未堂，p. 268, 1980．
10) 猪飼道夫他編：体育科学辞典，第一法規出版，pp. 99〜101, 1972．
11) 宮下充正：トレーニングの科学，講談社，pp. 5〜8, 1983．
12) 黒川隆志・野村武男・池上晴夫・富樫泰一：水泳，ランニングおよびペダリングにおける水泳選手の呼吸循環系の反応，体力科学，Vol. 33, No. 3, p. 157, 1984．
13) 池上晴夫編：身体機能の調節性，朝倉書店，pp. 14〜21, 1997．
14) 浅見俊雄・宮下充正・渡辺 融編：トレーニングの科学，現代体育・スポーツ体系第8巻，講談社，pp. 6〜15, 1984．
15) 宮下充正：水泳の科学，杏林書院，pp. 128〜129, 1970．
16) 体育科学センター編：健康づくり運動カルテ，講談社，p. 65, 1976．
17) Borg, G. : Perceived exertion as an indicator of somatic stress, Scand. J. Rehabi. Med., 2, pp. 92〜98, 1970.
18) 池上晴夫：運動処方，朝倉書店，pp. 178〜180, 1993．

第2章 たくましく生きるために

19) Fox, E. L., and Mathews, D. : Interval Training : Conditioning for sports and general fitness, W. B. Saunders Company, 1974.
20) Maglischo, E. W. : Swimming Faster, Mayfield Company, pp. 272～322, 1982.
21) Mader, A., et al. : Evaluation of lactic acid anaerobic energy contribution by determination of postexercise lactic acid concentration of earcapillary blood in middle-distance runners and swimmers, In Landry, F. & Porban, W. A., eds., Exercise Physiology. Miami, Symposia Specialists, 1978.
22) Maglischo, E. W. : Swimming faster, Mayfield Company, 288, pp. 328～329, 1982.
23) Morgan, R. E. and Adamson, G. T. 著，加藤橘夫・窪田 登訳：サーキット・トレーニング — 改訂版，ベースボール・マガジン社，pp. 49～60, 1969.
24) 大築立志・大石　正・緑川知子・登倉尋実：生活の生理学，朝倉書店，1983.
25) 大築立志：たくみの科学，朝倉書店，1988.
26) 宮下充正・大築立志：スポーツとスキル，大修館書店，1978.

第3章 健康で長生きするために

健康で長生きするためには身体活動が欠かせない．歩行運動（ウォーキング）は高齢者でも行える手頃な有酸素運動である．

第3章　概説

　健康な長寿は個人的にも社会的にも理想とするところである．この理想を実現するための最も重要な要因の一つは，間違いなく運動あるいはスポーツなどの身体活動である．高齢者になっても，身体活動をとおして体力増強に努めることが，健康で長生きする秘訣なのである．本章では高齢者が罹患しやすい疾病を解説し，それらの予防のための運動理論，および運動の実践に重点をおいて記述した．

　中高年になると，生活習慣病に罹患する割合が急増する．その主な原因の一つは運動不足である．生活習慣病を理解し，生活習慣病予防としての運動の役割を知ることは重要であると思われる．健康維持あるいは病気の改善のために，運動強度や運動時間などを決めることを運動処方という．健康にとって望ましい運動は年齢によって異なっている．特に，中高年になると身体機能の低下が起こることから，運動処方を作成する際には一層の注意が必要である．

　本章では上記の事柄について詳述し，最後に健康づくりのための運動の実践方法について解説した．健康維持・増進に対する運動の役割を理解でき，さらには実際にどのような運動を実施すべきかを修得できるはずである．

3.1 生活習慣病予防と運動・スポーツ

　適度な運動やスポーツは，肥満を防止するだけでなく，種々の生活習慣病の予防やその障害に効果をもたらすことが知られている．本章では，なぜ成人病から生活習慣病に名称が変更されたのか，学生時代にも生活習慣病が発症しうる身近な疾患として認識を深めるため，そして学生のライフスタイルに触れながら，運動習慣に関連する疾患発症のメカニズムや予防に適した運動やスポーツなどについて述べる．なお，生活習慣病患者あるいはその疾患が予想される者については，運動を実践する前のメディカルチェックや医師の診断，運動療法の指示を仰ぐことはいうまでもない．また，これらの疾患を予防するための具体的な運動処方は，「**3.3 運動処方の作成**」を参照されたい．

(1) 生活習慣病とは

　生活習慣病 (life-style related diseases) という言葉は，従来，脳卒中，癌などの悪性腫瘍，心臓病などの40歳前後から増加する，つまり働き盛り以降に多い疾患の総称として用いられていた成人病に代わるもので，1996年12月の公衆衛生審議会の意見具申のなかで提唱されたのが始まりである．これらの疾患の発症には，表3.1に示すように，食習慣，運動習慣，喫煙や飲酒などの生活習慣要因が深くかかわっているとして名称が変更されるに至っている[1]．

　一般に，疾病は，病原体，有害物質やストレッサーなどの外部環境要因，遺伝子異常や加齢などの遺伝的要因とともに，生活習慣要因が相互に影響・関連しあって発症する（図3.1）．これらのうち外部環境要因や遺伝的要因は，個人での

表3.1　不適切な生活習慣に起因する主な疾患

習　慣	疾　患
1.　食	インスリン非依存性糖尿病，肥満，高脂血症（家族性除く），高尿酸血症，循環器病（先天性除く），大腸癌（家族性除く），歯周病　等
2.　運動	インスリン非依存性糖尿病，肥満，高脂血症（家族性除く），高血圧症　等
3.　喫煙	肺扁平上皮癌，循環器病（先天性除く），慢性気管支炎，肺気腫，歯周病　等
4.　飲酒	アルコール性肝疾患　等

公衆衛生審議会意見具申1996.12による．

第3章　健康で長生きするために

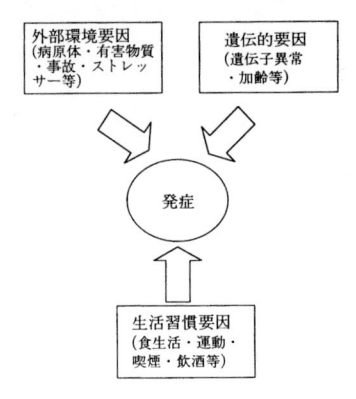

```
┌─────────────┐   ┌─────────────┐
│ 外部環境要因 │   │  遺伝的要因  │
│(病原体・有害物質│   │(遺伝子異常 │
│ ・事故・ストレッ│   │ ・加齢等)   │
│ サー等)      │   │             │
└──────┬──────┘   └──────┬──────┘
       ↓                  ↓
          ┌─────────┐
          │  発症   │
          └─────────┘
               ↑
       ┌─────────────┐
       │ 生活習慣要因 │
       │(食生活・運動・│
       │ 喫煙・飲酒等)│
       └─────────────┘
```

図3.1　疾病の発症要因
公衆衛生審議会意見具申，1996.12による．

対処が困難であるが，生活習慣要因はその点，個人での対応が可能であるとされている．この名称変更の背景には，これまでの疾病を早期に発見し，早期に治療するこれまでの二次予防から，個人での対応を前提とした自らが健康的な生活習慣を確立させ，そして健康や体力を増進させることで病気を予防する一次予防の取組みが求められていると考えられる[1, 2]．年をとったら生活習慣病になるのはやむをえないとした消極的な生活を送るのではなく，心がけひとつで生活習慣病は防げるとした認識をもって，一人ひとりが日々の食習慣や運動習慣，喫煙の有無や飲酒量などを振り返ってみることが必要であろう．

(2) 生活習慣病の受療率と死亡率

生活習慣病は，加齢あるいは不適切な生活習慣の積み重ねによって発症・進行する慢性疾患のため，高齢化が進むわが国ではますますの増加が予想される．厚生省の人口動態統計によると，医療施設を利用する患者のうちで生活習慣病にかかる受療率は，図3.2に示すように，年々増加の一途をたどる現状にある．なかでも運動習慣と深くかかわる高血圧性疾患は，他の疾患群に比べ，1996年度で

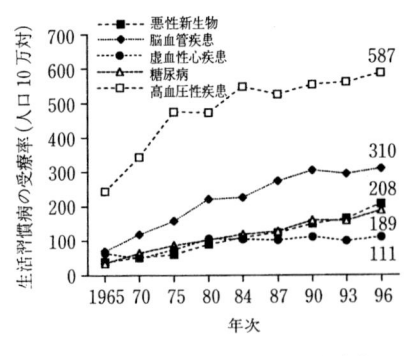

図3.2　生活習慣病の受療率の年次変化
（文献1）より作図）

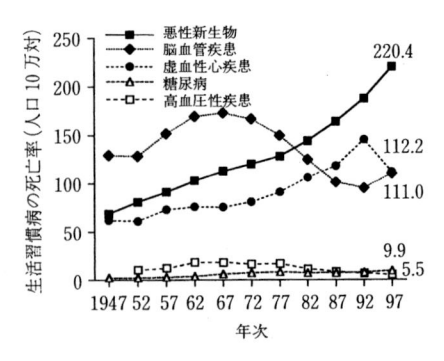

図3.3　生活習慣病の死亡率の年次変化
（文献1）より作図）

は10万人当たり587人と第2位の脳血管疾患のおよそ1.9倍にあたり，最も高い受療率を示している．なお，1965年から1997年までのおよそ35年間の増加率で見ると，脳血管疾患（4.5倍），悪性新生物（5.7倍）や糖尿病（5.6倍）などの疾患の増加が著しい[1]．また，全死因のなかの生活習慣病に関する年次変化を図3.3に示したが，悪性新生物（220.4/人口10万対），虚血性心疾患（112.2/人口10万対）および脳血管疾患（111.0/人口10万対）は，わが国の三大死因として最上位にあり，死亡総数から見たその割合も約60％を占めている[1]．なお，糖尿病や高血圧性疾患は直接死因には結びつかないが，いろいろな合併症を引き起こしやすいため，要注意の疾患であることは間違いない．

(3) 学生のライフスタイルと健康習慣の確立

生活習慣病の病根は，ややもすると青少年期から形成されるともいわれている．青年期の良好な健康状態に位置する大学生にあっても，必ずしも健康的な生活を過ごしているとはいいがたい．これまでの生活行動調査を通して，夜更かし，寝不足および朝食抜きなどの生活リズムの乱れ，食事摂取のアンバランス，肥満の増加による運動不足などが指摘されている[3,4]．国立4年制大学の全学年を対象とした報告[4]によると，自分の健康状態が普通以上と81.6％の学生が答えているものの，就寝時刻が午前0時以降では男女とも90％を上まわり，睡眠時間では6時間以内が男子48.9％，女子45.8％，朝食抜きでは男子34.6％，女子10.9％，タバコの喫煙では男子39.5％，女子5.9％など，まさに不規則なライフスタイルを浮彫りにしていることがうかがえる．

また，現代の青少年の身体は大きくなったが，体力はいま一つと指摘されるように，文部省体力・運動能力報告値[1]で見るかぎり，大学生でも体力や運動能力に明らかな低下が見られる．1980年値と1997年値を比較してみると，体力では男子5％，女子7％，運動能力では男子13％，女子22％程度とそれぞれ低下しており，特に女子の低下が著しい．この低下傾向は小・中学生や高校生なども同様であり，発育発達の時期にもかかわらず体力不足，運動不足を裏づけている（図3.4）．このようなライフスタイルでは，学生時代にあっても運動不足，体力不足が肥満を助長して，生活習慣病を発症させ，あるいは病根を増幅させているといわざるをえない．

第3章 健康で長生きするために

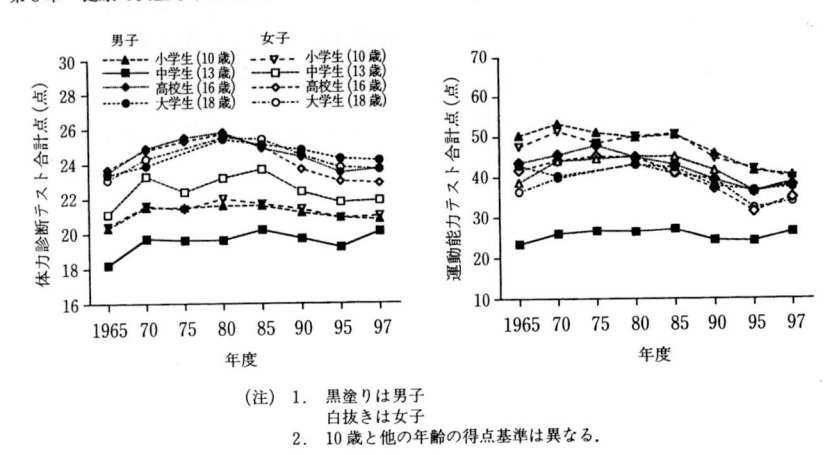

(注) 1. 黒塗りは男子
白抜きは女子
2. 10歳と他の年齢の得点基準は異なる.

図3.4 体力・運動能力テスト合計点の年次推移(文献1)より作図)

　生活習慣病は特定の病原菌に依存しないので,自覚症状がないままに進行し見過ごしがちになる.大学生の自分たちにとって,生活習慣病は関係ないと見過ごすのではなく,将来にわたって体力の維持・増進を図り,健康的なライフスタイルを築いて生活の質(QOL:quality of life)を高めていく必要がある.その身近な生活改善の指標として,BreslowやEnstrom(1980)[5]が,健康習慣の実施状況と健康状態や寿命との関連などの研究を通して提唱している以下の項目などが参考となるだろう.

　①タバコは吸わない,②定期的に運動する,③飲酒は適度か,しない,④1日7~8時間睡眠をとる,⑤適性体重を保つ,⑥朝食を食べる,⑦間食はしない.

(4) 高脂血症と運動・スポーツ
a. 高脂血症とは

　高脂血症とは,血中の脂質,コレステロールや中性脂肪が増加した状態をいい,その判断基準は,総コレステロール値が200 mg/dl 以上(正常150~199),あるいは中性脂肪値が150 mg/dl 以上(正常150未満),HDLコレステロール40 mg/dl 未満(正常40以上)が目安になる[2].この疾患を起こす原因として,糖尿病や遺伝的な素因のほか,動物性脂肪のとりすぎ,運動不足や肥満が考えら

れ，このため，高脂血症の人は血管にコレステロールがたまる動脈硬化を起こしやすい状態にあるといえる．

コレステロールは，血中ではリポ蛋白（脂質とタンパク質との複合体）として存在しているが，高脂血症にはこのリポ蛋白の増減が大きく影響している．リポ蛋白は中性脂肪が主成分のカイロミクロン，超低比重リポ蛋白(VLDL)，コレステロールが主成分の低比重リポ蛋白(LDL)，高比重リポ蛋白(HDL)に分類される．これらのなかで，LDL コレステロールは血管の内膜や中膜に沈着し，粥状硬化を引き起こす動脈硬化促進作用があるため，悪玉コレステロールとも呼ばれている．一方，HDL コレステロールは，血管に沈着した LDL コレステロールを取り除いて肝臓に運び去る動脈硬化抑制作用があるので，善玉コレステロールとも呼ばれている[6]．

b. 高脂血症の予防

ウォーキングやジョギングなどの有酸素運動は，中性脂肪の加水分解による脂肪酸形成を触媒するリポ蛋白リパーゼ(LPL)や，肝や腸で合成される初期の HDL を成熟型に変換するレシチン―コレステロール―アシル―トランスフェラーゼ(LCAT)などの酵素活性を上昇させるといわれている[7]．これにより，中性脂肪や LDL コレステロールなどを減少させ，図 3.5 に示したように HDL コレステロールを増加させる．また運動の持続は，血中の中性脂肪を脂肪酸とグリセリンに分解し，脂肪酸をエネルギー源として利用するため，血中の中性脂肪を減少させることができ，高脂血症には好ましい影響を与えるといえる．

まず予防の手始めとして大切なのは，日頃，運動していない者にとっては，日

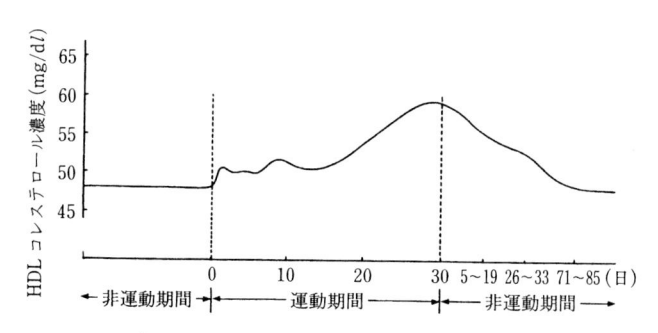

図 3.5　50% $\dot{V}_{O_2 max}$ 運動期およびその前後の血液中の HDL コレステロール濃度（福岡大学運動生理学教室資料，1980）

常の生活活動量を増やすことである．早足で歩く，あるいは通勤や通学に自転車や徒歩を取り入れてみることである[3]．肥満予防や解消と同様，最大酸素摂取量を増加させる有酸素運動の実践・継続(脈拍で20歳代130拍/分，1回10〜30分，週3〜5日，歩数では1日1万歩以上)が大切である．また，中性脂肪を減少させ，HDLコレステロールの増加には時間がかかることを考えると，こうした疾患を予防するためには，コレステロールや動物性脂肪の多い食品での過剰摂取を避け，コレステロールの抑制や低下させる野菜，穀物や豆類などの食物繊維，そして動物性よりも植物性タンパク質の摂取など食生活の改善は欠かせない．

(5) 虚血性心疾患と運動・スポーツ

a. 虚血性心疾患とは

虚血性心疾患とは，心筋に血液を供給する冠状動脈に起きる病気で，狭心症と心筋梗塞に分けられる．狭心症は，冠状動脈の硬化により内腔が狭小化し，十分な血流量が維持できないために起こる心筋虚血の状態をいう．このとき，一時的に酸素不足に陥るので胸痛や胸部不快感(窒息感)などを伴い，狭心症は心筋梗塞の前ぶれと考えられる．発作は運動，急激な外気の変化あるいは感情の高まりなどでも起こりやすい．心筋梗塞は，さらに冠状動脈の硬化により狭小化が進み，血管が閉塞を起こして血流がまったく途絶えてしまった状態をいう(図

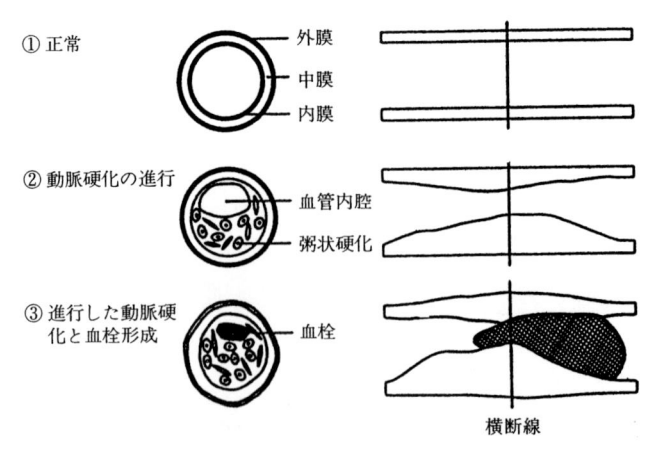

図3.6 冠状動脈の動脈硬化[8]
左側は動脈の横断面を，右側は縦断面を示す．

3.6).閉塞すると,その下流の心筋細胞が壊死する.その壊死した心筋部分は収縮しないので,心臓の機能は低下して心不全が引き起こされる[8].こうした発作が起こった場合には,緊急に専門医の治療を受けなければならないが,急死するケースが多く,死を免れても障害が残ることがある.

b. 虚血性心疾患の予防

運動により,呼吸が速く,心臓の働きも活発になって血液の流れが盛んになるなど,身体の内部では呼吸循環機能が高まることで,運動に対する適応現象が起こってくる.血液量の増加は冠状動脈を太くし,心筋内の毛細血管網を発達させる.また運動は,血液が固まるのを防ぐ働きを高め,血栓ができるのを防ぐ.これに加え,虚血性心疾患の危険因子である高脂血症,動脈硬化,高血圧,肥満などの予防にも有効であると考えられている.

運動不足が虚血性心疾患の発生と密接な関係があるとした先駆的な研究として,1953年モーリスにより,職業による身体活動量,つまり静的な仕事に従事する運転手と動的な仕事に従事する車掌との間には,虚血性心疾患の発生率が異なるとした報告が見られる.ロンドンのバスは2階建てであり,その運転手と車掌では,終日座ったままか,切符切りに1階と2階を昇り降りするかで,身体活動量の差,つまりおよそ300kcalのエネルギー消費の差があり,それが発生率の差につながるとしている(図3.7).今日では,日常の身体活動が同程度であっても,その活動のなかで活発な運動(バスケットボール,ランニング,登山,テニスなど)を行っている者は,そうでない者よりも心疾患の発症率が低い,あるいは身体活動量や体力が高いほどこれらの発症率が低いことも知られている[2].一方では,心疾患の患者にも,無酸素性作業閾値に基づく運動療法が推奨されるなど高強度の取組みなども見られるようになってきている[7].一般的に,こうした疾患を予防するためには,肥満の予防や解消と同様,長時間にわたって体内に多量に酸素を補給し,エネルギーを消費する

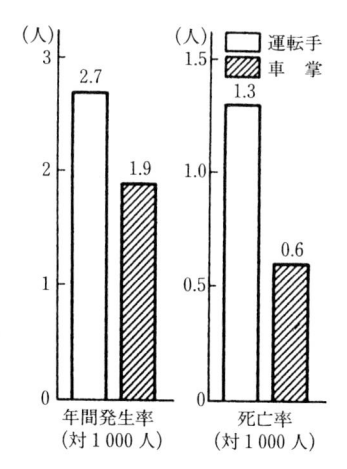

図3.7 職種の違いによる虚血性心疾患の発生率と死亡率(モーリス,1953)

全身持久運動としての有酸素運動で，最大心拍数の70％前後の運動あるいはBorgによる主観的運動強度(RPE)によるややきついとした運動が必要であろう．

(6) 高血圧と運動・スポーツ
a. 高血圧とは

血圧とは，血管の内圧のことであり，血液が血管壁に及ぼす圧力のことである．一般には上腕動脈で測定し，血圧を評価している．心臓の収縮期の血圧を収縮期血圧(最高血圧)，拡張期の血圧を拡張期血圧(最低血圧)といい，その差を脈圧といっている．高血圧は，図3.8に示したように，WHO(世界保健機関)やISH(国際高血圧学会)のガイドラインによると，最高血圧が140 mmHg以上，最低血圧が90 mmHg以上と定義されている．また，正常値の範囲は最高血圧が100～140 mmHg，最低血圧が60～90 mmHgであるが，130/85 mmHg以上は正常高値といわれ，高血圧

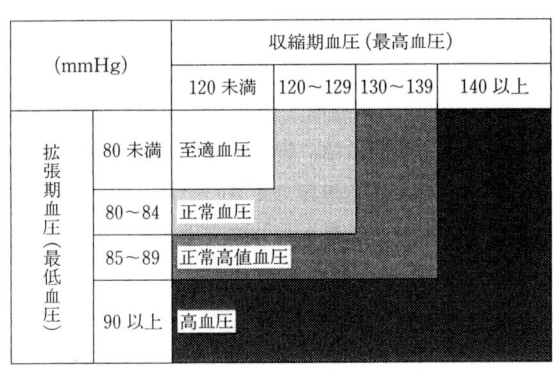

(mmHg)		収縮期血圧(最高血圧)			
		120未満	120～129	130～139	140以上
拡張期血圧(最低血圧)	80未満	至適血圧			
	80～84	正常血圧			
	85～89	正常高値血圧			
	90以上	高血圧			

図3.8　WHO/ISH(1999)による高血圧区分

に移行の可能性がある要注意ゾーンとして，120/80 mmHg未満は脳卒中や心筋梗塞の発生率が最低値のため至適血圧として設定されている[9]．血圧は，加齢による動脈の硬化とともに高くなる．また，健康な者でも運動不足，ストレス，睡眠不足や過剰な食塩摂取などで高血圧になる可能性があり，運動，寒冷，ストレスや精神的動揺などが原因でも一時的に血圧が上昇することもある[2,7]．

高血圧は，原因がはっきりしない本態性高血圧と，原因となる特定の疾患がある二次性高血圧とに分けられる．本態性高血圧が高血圧全体の9割を占めており，生活習慣病といわれているのもこのタイプである．初期では，ほとんど自覚症状はないが，長年月を経て重症になると動悸，息切れ，頭痛，めまい，浮腫などの症状が現れ，動脈硬化，虚血性心疾患，脳卒中などの合併症を引き起こすた

め注意を要する疾患である．この本態性高血圧を予防するには，血圧を上げる原因になっている生活習慣の改善，つまり，食塩摂取の制限，節酒，肥満であれば減量，そして運動である．

b. 高血圧の予防

運動習慣のある者は，運動不足者に比べ，高血圧にかかる危険度は 20～50 %程度も低いといわれており，運動は高血圧の予防には効果的であるといえる．このため，軽症の高血圧の改善や治療には積極的に運動療法が試みられ，軽度の高血圧患者では，10 週間程度の運動で収縮期血圧／拡張期血圧はおよそ 10/5 mmHg 低下したとする報告も見られる[10]．

具体的な運動療法としては，ウォーキングやジョギングのような等張性の有酸素運動が望ましいとされている．つまり，こうした運動は，運動中に収縮期の血圧を多少上昇させるが，拡張期血圧はむしろ低下させるからである．一方，静的な最大筋力を発揮する重量挙げのような等尺性運動が主たるスポーツは，むしろ収縮期および拡張期の両方に昇圧作用があって好ましいことではない．高血圧の予防には，30～60 分/1 回，3 日/週程度の有酸素運動の継続が必要である．

(7) 糖尿病と運動・スポーツ

a. 糖尿病とは

グルコース（血糖値）は，膵臓のランゲルハンス島と呼ばれる細胞群から分泌されるホルモンの一つであるインスリンなどによって，空腹時で 70～110 mg/dl，食後でも最高 180 mg/dl 以下の範囲を維持・調節されている．糖尿病は，そのインスリンの分泌量が絶対的あるいは相対的な低下によって血糖値が上昇し，空腹時（食後 2 時間）の血糖値が 120 mg/dl を上まわった状態をいう[2]．

糖尿病を大別すると，インスリンの絶対的な欠乏により発症し，インスリン治療を行わない限り糖尿病昏睡に陥り死亡するインスリン依存型糖尿病と，インスリンが相対的に不足した状態のインスリン非依存型糖尿病とがある．後者は，全糖尿病患者の 90～95 % を占め，発病の背景に遺伝的要因も加わるが，不健康な生活習慣の積み重ねによって発症することが知られている[7]．通常，インスリンは，血中の糖質を筋肉内に取り込む際に重要な役割を果たし，各組織でエネルギー源として利用するのを助けている．しかし，肥満や運動不足は，インスリン

の感受性を低下させる。この感受性の低下は，糖質の利用効率を低下させるため，新たなインスリンの分泌を促進させ，かえって血中インスリン濃度を上昇させることになる（インスリン抵抗性）。このため，血中のインスリンは高濃度にもかかわらず，感受性が低位のため，血糖の利用が抑えられ，結果として血糖値が上昇し，糖尿病の発症を招くといわれている[6]。

b. 糖尿病の予防

血中の高濃度のインスリンは，交感神経を刺激し，ノルアドレナリンの血中濃度を上昇させるので，末梢血管が収縮して高血圧を合併している可能性が高い。このため，糖尿病を予防するためには，高血圧と同様の最大酸素摂取量の50％前後の中程度の強度，1回10～30分の時間，週3～5日の頻度での運動が目安とされている。こうした運動の継続は，糖尿病発症要因の肥満や運動不足などの解消を通して，インスリン感受性を亢進させることができる。この運動時のエネルギー源の一つは糖質である。インスリン感受性の亢進は，糖質の利用効率を高めることから運動は糖尿病を予防する有効な手段といえる。一方では，糖尿病患者による極端な食事療法のみでは一層のインスリン感受性の低下が見られ，逆に食事療法を守らずに運動療法単独でも糖尿病のコントロールが悪化することも知られており[11]，運動と食事への理解と実践は欠かせない。しかも図3.9に示したように，一定の運動量の確保は必要である。しかし，激しい運動では，筋肉内に蓄えられたグリコーゲンやクレアチンリン酸などが優先して消費されるので，血糖の低下はあまり期待できない。

なお，比較的高い運動強度でエネルギーを消費している者のほうが，糖尿病の発症率が低いことも知られており，健常者にとっては，中程度上限の運動強度の運動やスポーツにも取り組んでみることも必要であろう。

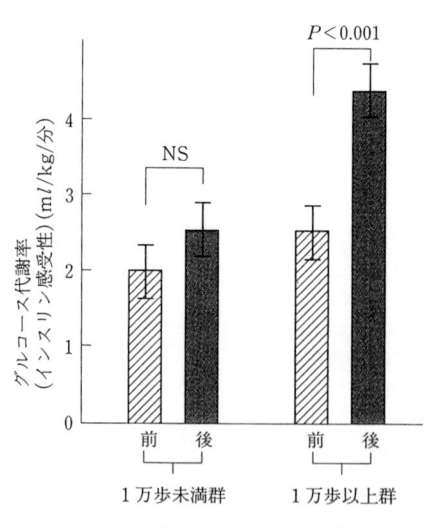

図3.9 1日平均歩数とインスリン感受性[11]

3.1 生活習慣病予防と運動・スポーツ

(8) 骨粗鬆症と運動・スポーツ

a. 骨粗鬆症とは

骨粗鬆症とは，加齢，カルシウム不足および閉経などで骨量が低下し，骨密度が低くなった状態をいう．骨量，骨密度とも思春期から20歳くらいまでに最大値に達し，40歳くらいまでその値を保つが，その後減少する．女性の場合，閉経後数年からおよそ10年間は最も骨量減少速度が亢進するため，有病率は，60歳代では約30％，70歳代では約40％といわれており，50歳以上の女性の約25％にあたる500万〜600万人が有病者と推計されている[12]．最近では，運動不足をはじめ若い女性の無理なダイエットや偏食によるカルシウム不足が原因となった発症も問題視されている．また，長距離やマラソンなどの過度な運動を行う女子選手の無月経や骨密度の低下は，女性ホルモンのエストロゲン分泌が低下することで起こるといわれている．しかし，これらの選手のなかには，ウェイトコントロールのために食事制限をする者もいて，極度の栄養状態の低下も影響していると考えられる[10]．

b. 骨粗鬆症の予防

運動によるメカニカルストレスによって，骨芽細胞が活性化してカルシウムの沈着が促進され骨量が増加する．このため，予防の第一はカルシウムやビタミンDの豊富な乳製品，小魚，緑黄色野菜，納豆などの食品を多くとること，第二には運動を定期的に実践することで高い骨量・骨密度を維持することが可能である（図3.10）．スポーツ種目によって骨量・骨密度は異なるが，ウェイトトレーニングを多用する競技，バスケットボールやバレーボールなどのメカニカルストレスの強い競技選手では高い値が報告されている[14]．骨粗鬆症を予防するためには，青年期ではウォーキング，サイクリングやジョギングなどの有酸素運動よりも，むしろ筋力トレーニングや球技系の競技種目にチャレンジしてみることも大切である．しかし，肥満者にはこれらの

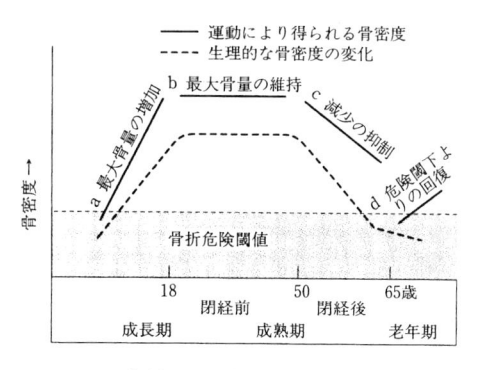

図3.10 骨密度に対する運動の効果
（文献13）を一部改変）

運動は，膝や腰に負担をかけるため障害発生のおそれがあり，自己の体力度を考えながら取り組む必要がある．

青少年期での運動は，生涯にわたり高い骨量を保つことができ，中年女性の運動も，閉経後の急激な低下防止になるので運動の習慣化は欠かせない．また，屋外の運動では，紫外線がカルシウムの吸収を助けるビタミンDを作り出す効果があり，屋外での運動やスポーツを親しむことも大切である．

3.2 加齢とスポーツ

胎児から成人までの加齢に伴うからだの形態的・機能的な発展・増加を発育発達といい，人間の身体はおよそ20年をかけて完成する．一方，成人以後の加齢に伴う形態や機能の退歩的な変化を老化というが，その変化は器官，組織や機能によって一様でない．この間，時間経過とともに形態や身体的な機能は絶えず量的・質的に変化するが，遺伝的な要因のほか，それぞれの時期にどのような運動刺激が与えられるかによっても大きく影響を受ける．適切な運動やスポーツは，健康的な身体を育み，それらの習慣化は生活習慣病を予防する効果をもたらすこともできる．本節では，その生活化の基盤となる青少年期の発育発達の特徴，日常的な運動やスポーツ活動が発育発達や老化に及ぼす影響，さらには青少年期や中高年期における望ましい運動・スポーツなどについて概観する．

なお，発育 (growth) と発達 (development) は同時に生起する現象であり，発育発達の両語を並べて用いることが適切であるといえるが，時として，発育は主として形態の量的変化過程を，発達は機能の質的変化過程を指すものとして使用する．

(1) 青少年期の発育発達の特徴
a. スキャモンの発育型

身体のそれぞれの形態や機能は，同じ割合で発育発達するものではない．それは急激に発育発達する時期あるいはその速度にそれぞれ特徴がある．Scammonは，からだの形態，組織や臓器などの発育は異なるとして，発育の型を一般型，神経型，リンパ型および生殖型の四つに区分している (図3.11)．

一般型は，身長，体重，骨格，筋肉や内臓などの身体組織の発育であり，出生後急激に増加するが，その後一時停滞し，思春期頃より増加するS字形を描く．神経型は，大脳，脊髄や感覚器官などの神経組織の発育をいい，出生後すみやかに増加し，4～5歳で80％以上の発育が完成する．リンパ型は，胸腺や扁桃腺などのリンパ組織の発育をいい，思春期直前まで急激に成人値のおよそ2倍近く高まり，以後，漸次低下して成人レベルに達する．生殖型は，精巣，卵巣や性器などの発育をいい，思春期以後に顕著な発育パターンを示している．

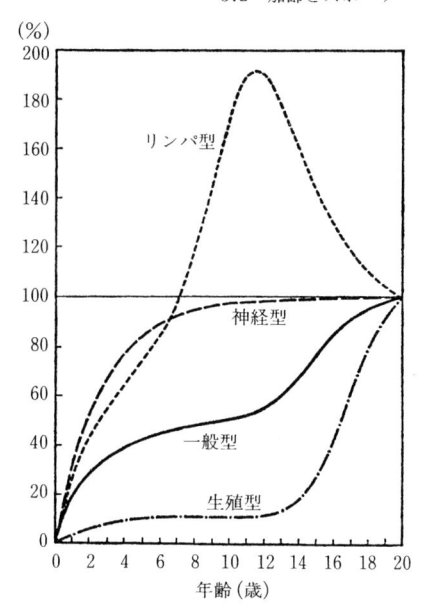

図 3.11 スキャモンの発育型 (Scammon)

またホルモンは，身体の発育，成長，生殖や代謝などを調節する役割があり，なかでも成長ホルモン，甲状腺ホルモン，ステロイドホルモンなどが大きくかかわる．成長ホルモンは下垂体前葉から分泌され，タンパク質代謝や糖質代謝の促進と長骨の骨端軟骨の増殖を促し長軸方向への発育を促進する働きがある．甲状腺ホルモンは甲状腺から分泌され，発育成長，特に骨，歯や骨格筋の発育を促進している．また，性腺から分泌されるステロイド系の男性ホルモン（アンドロゲン）や卵胞ホルモン（エストロゲン）などは，思春期における第二次性徴期の発現に重要な役割を果たしている[16), 17)]．

b. 発育曲線と発育速度

身体各部は必ずしも並行して発育するものではないが，同じ類型に属していても，実際に発育の経過には男女差や個人差が見られる．

図 3.12 は，一般型に属する身長の発育曲線や発育速度（年間発育量）を模式図で示したものであるが，胎児期から乳幼児期にかけて急激な発育を示す第一発育急進期，幼児期後半から学童期前半の比較的ゆるやかな安定期，男女で異なるが学童期後半から思春期前半の再度の急激な発育を示す第二発育急進期，思春期後半から発育がゆるやかになり成人値に至るまで，4区分することができる．ま

第3章 健康で長生きするために

図 3.12 身長の発育曲線(模式図)[18]

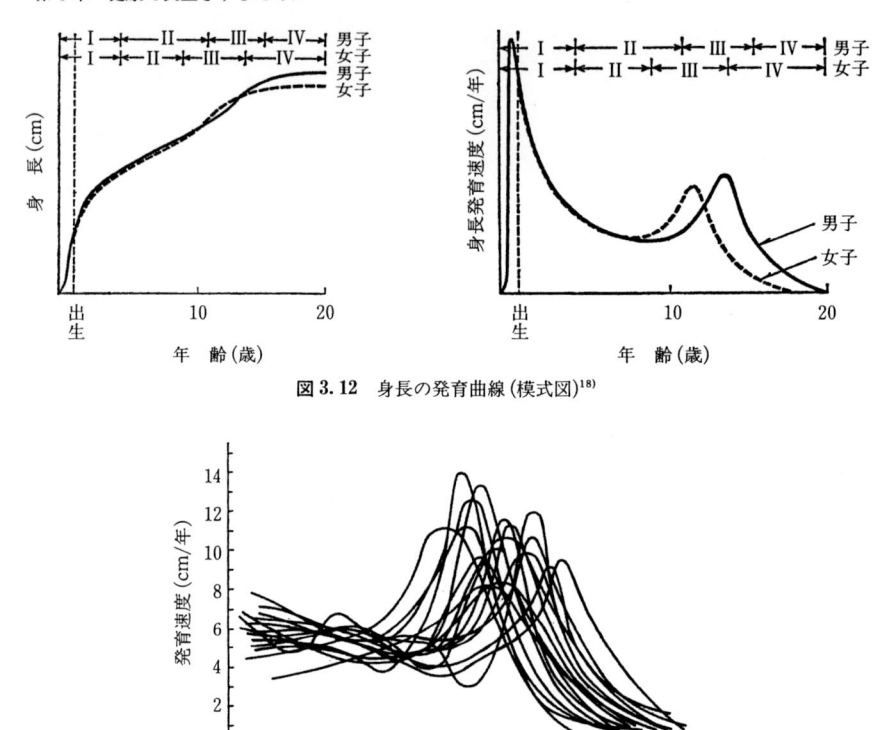

図 3.13 身長(男子)の発育速度曲線[18]

た，思春期のスパートは女子のほうが男子よりも2歳ほどその発現が早く，一時的に身長で男子を上まわる時期が見られる[18]．なお，身長発育速度ピーク年齢 (PHV：peak height velocity) の若年化傾向も指摘されているが，一方では思春期到来の年齢には，早い者と遅い者とでかなりの個人差がある (図3.13)．つまり，思春期スパートの到来時期と発育速度(年間発育量)には，早熟と晩熟とにはおよそ5歳ほどの個人差が見られる．

c. 身体組成の推移

思春期は，男女間の身体組成にも大きな差を生じさせる[19), 20)]．図3.14は，綱分ら[20]が測定した青少年期の身体組成の推移を示したものである．11歳では男女の身体密度(body density)，体脂肪率(％Fat)，体脂肪量(Fat)，や除脂肪体

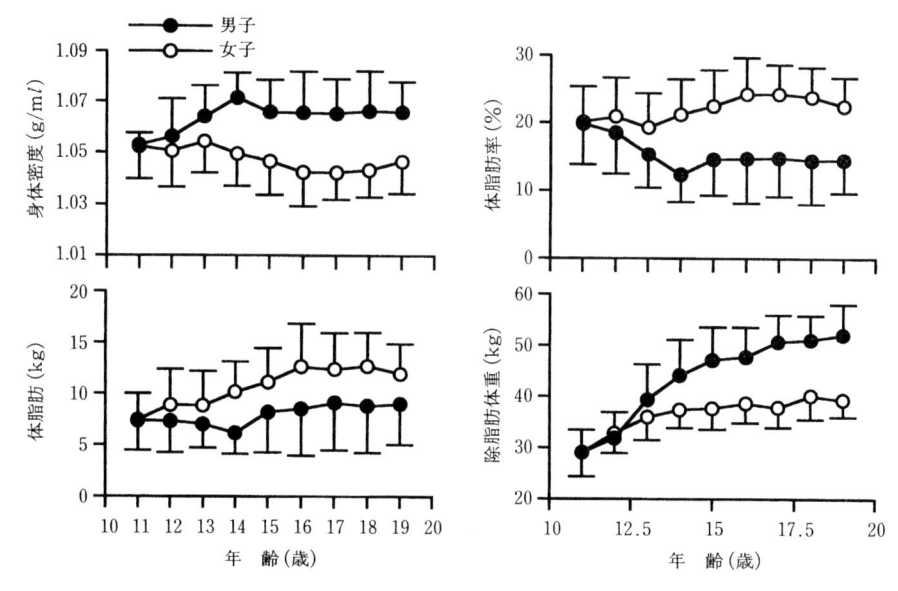

図 3.14 青少年期の身体組成の推移（文献 20) より作図）
　　　　　（体脂肪率の算出は Brožek らの式による）

重 (lean body mass) はほぼ同じレベルにあり，男女差は見られない．12 歳以降，身長の発育と同様にいずれもその差は拡大し，女性では 17〜18 歳頃に，男子では 20 歳頃にほぼ成人値レベルに到達しているが，すでに 12〜13 歳頃には男女差が見られる．このおよそ 10 年間の体脂肪量の増加量は，女子が男子をおよそ 3 kg 上まわるが，筋量の指標としても用いられている除脂肪体重では，男子がおよそ 13 kg ほど女子を上まわっている．また，体重の増加量から見た除脂肪体重の占める割合は，それぞれ男子が 93.3 %，女子が 69.4 % と，男子の筋量の着実な増加がうかがえる．なお，ここでは体脂肪率が，Brožek らの式で算出されているが，思春期を境に除脂肪体重の水分量が減少するとして Lohman らの式が推奨されている[19]．この式で求められた 11 歳の体脂肪率は男子が 14.3 %，女子で 14.7 % であり，男女とも Brožek らの式に比べて体脂肪量および除脂肪体重間でおよそ 2 kg の移動があるが，この時期での男女間の差は見られない．特に 10 歳代前半は，発育発達の個人差が大きいため，どの時点まで，あるいはどの時点からいずれの式を用いるのか苦慮するところである．いずれに

しろ，青少年期の量育の増大の要因としては，女子では体脂肪量が，男子では除脂肪体重が主要部分を占めており，身体の中身の違いが体力や運動能力発達の男女差につながっているといえる．

(2) 身体発達とスポーツ
a. 身体発達のパターンとトレーニング

子供が運動やスポーツを上手にこなすためには，①巧みにこなせる動作の習得，②ねばり強く遂行する持久力，③力強さのもとになる筋力などの能力が要求される[21]．これらを支配する身体の器官や機能はそれぞれ異なる．巧みな動作には主に神経・筋系が，持久力には筋・呼吸循環器系が，筋力には筋・骨格系がそれぞれかかわっている．図3.15は，これらの能力を反応時間，最大酸素摂取量および握力の年間発達量をそれぞれの指標として，その発達パターンを示したものであるが，年齢によってピーク時はそれぞれ異なり，発達のしかたは一律ではないことが理解できよう．

幼い子供に対する筋力トレーニングや持久力トレーニングは，「百害あって一利なし」といわれる．宮下[22]は，新生児期では不随意の反射動作が主だが，1歳を過ぎる頃からほとんど随意動作になり，5歳頃までに徐々にいろいろな基本動作が習得されていく．この時期によい動きができるようにしておかないと，個人差が大きくなる7歳頃に熟達の障害があってつまずきやすいと指摘している．年齢，個人差や性差を無視した画一的なトレーニングでは，効果がないだけでな

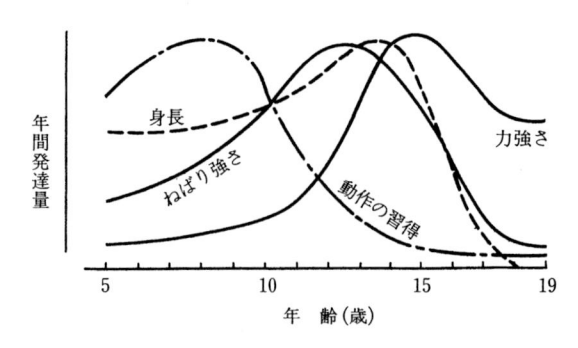

図 3.15 運動能力，体力発達曲線[21]
動作の習得，ねばり強さ，力強さを，「反応時間」「最大酸素摂取量」「握力」を指標にした年間発達量の推移

く，かえって心身にマイナスの影響を与えるおそれがある．青少年期ではこうした発達のパターンを知り，以下に示すような発育段階に応じた適切なトレーニングをする必要がある[22]．

① 11歳以下 —— 脳・神経系能力を高めるためのいろいろな動作への挑戦とスマートな身のこなしの獲得

② 12～14歳 —— 呼吸・循環系能力を高めるための軽い負荷での持続的な運動によるスマートな動作を長続きさせる能力の獲得

③ 15～18歳 —— 筋・骨格系機能を高めるための負荷の増大とスマートな動作の長続き，さらには力強さの獲得

④ 19歳以上 —— 専門の身体動作の十分な発達と試合の駆引きで最高の能力が発揮できるトレーニング

b. 性差とトレーニング効果

体力，運動能力のいずれも，それぞれがもつ要因によって発達の様相は異なる．図3.16は，1998年度の文部省体力・運動能力調査報告値[23]をもとに体力の発達状況から性差を見たものである．筋力指標の握力，敏捷性指標の反復横とびや全身持久性指標の20mシャトルランでは，いずれも男子が女子を上まわり，男子の10歳前後から14～16歳頃までの急激な伸びによりその差は顕著に拡大す

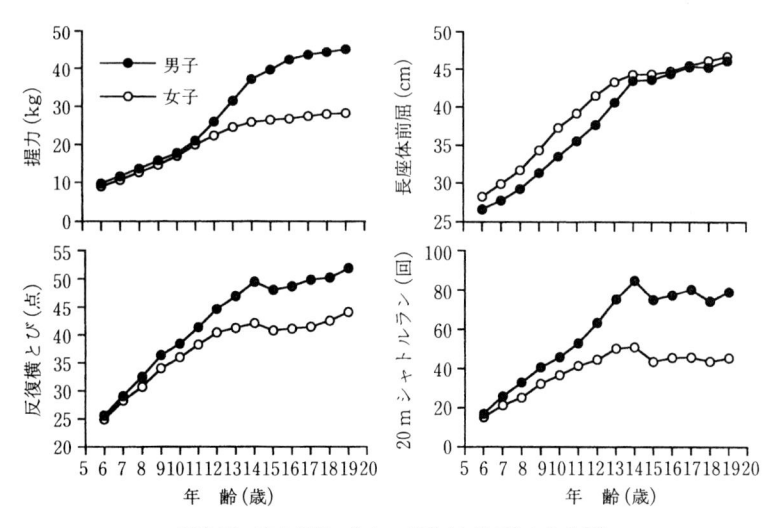

図3.16 青少年期の体力の推移（文献23）より作図）

第3章　健康で長生きするために

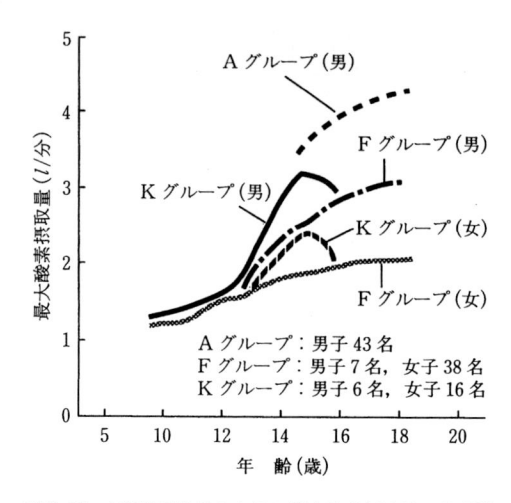

図3.17 年齢別平均値から見た最大酸素摂取量の発達[24]

るが，以後の年齢ではゆるやかな伸び，あるいは保持した状態が続き，その性差はほぼ同等値で推移している．一方，柔軟性の指標である長座体前屈では，すべての年齢段階で女子が男子を上まわっており，12歳頃までは明らかな差が見られる．また，男女とも15歳頃から19歳頃までゆるやかな向上傾向が認められるが，その性差は小さい．

生活習慣病を予防するうえで，有酸素的運動の実践が重要視されるが，小林ら[24]は，10歳から18歳までの子供たちを対象に，アスリート群(A)，小学生期での計画的身体トレーニング群(K)，一般生徒群(F)の3グループに分けて継続的にトレーニング効果を観察している(図3.17)．最大酸素摂取量は，①思春期にはいずれのグループもともに増大する，②思春期前の身体トレーニングは思春期においてより大きな増大を促す，③素質に恵まれたアスリートは思春期以後もトレーニングによって継続して増大が見られるなど，適切な身体トレーニングは身体機能の発達を促し，高い能力を保持することができるとしている．

c. 各種スポーツの充実期年齢

体力，運動能力，あるいはスポーツ種目において，最も力を発揮できる年齢がどの時点なのか興味深い．このピークパフォーマンスの時期を成熟，つまり充実期の年齢といえる．一般的に，各種スポーツ種目で充実期の年齢を推定するに

3.2 加齢とスポーツ

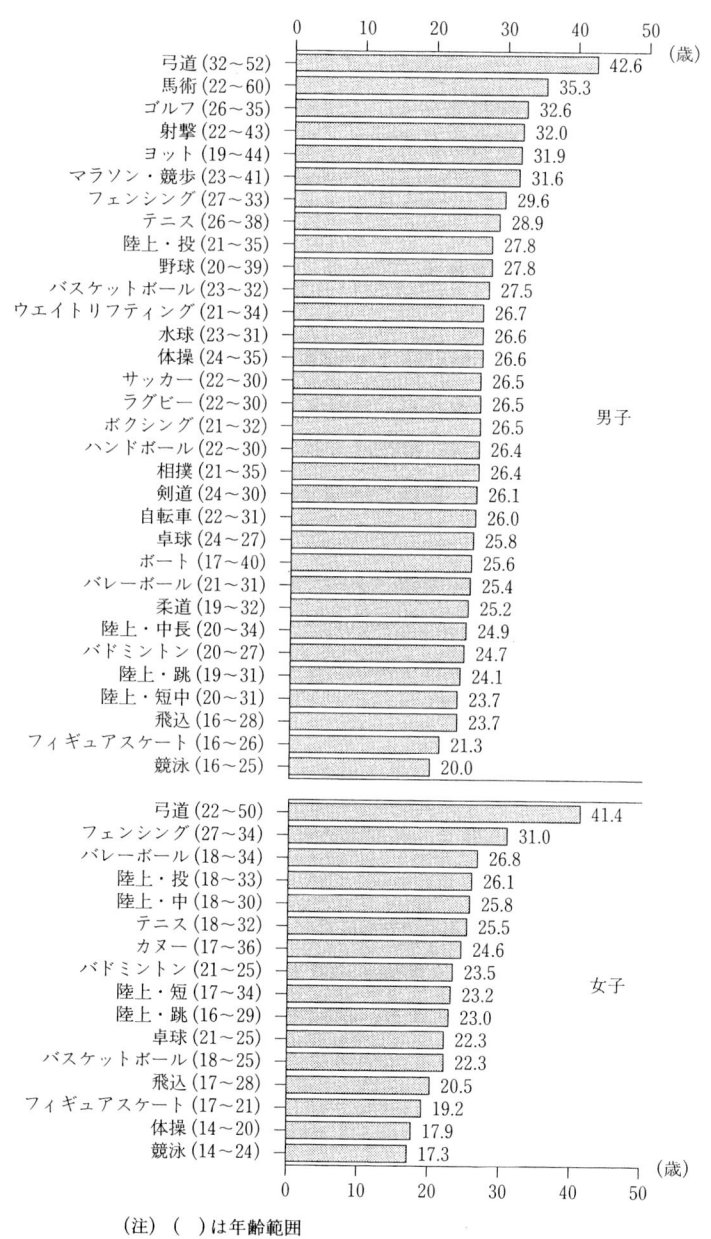

男子

種目	年齢範囲	充実期年齢
弓道	(32〜52)	42.6
馬術	(22〜60)	35.3
ゴルフ	(26〜35)	32.6
射撃	(22〜43)	32.0
ヨット	(19〜44)	31.9
マラソン・競歩	(23〜41)	31.6
フェンシング	(27〜33)	29.6
テニス	(26〜38)	28.9
陸上・投	(21〜35)	27.8
野球	(20〜39)	27.8
バスケットボール	(23〜32)	27.5
ウエイトリフティング	(21〜34)	26.7
水球	(23〜31)	26.6
体操	(24〜35)	26.6
サッカー	(22〜30)	26.5
ラグビー	(22〜30)	26.5
ボクシング	(21〜32)	26.5
ハンドボール	(22〜30)	26.4
相撲	(21〜35)	26.4
剣道	(24〜30)	26.1
自転車	(22〜31)	26.0
卓球	(24〜27)	25.8
ボート	(17〜40)	25.6
バレーボール	(21〜31)	25.4
柔道	(19〜32)	25.2
陸上・中長	(20〜34)	24.9
バドミントン	(20〜27)	24.7
陸上・跳	(19〜31)	24.1
陸上・短中	(20〜31)	23.7
飛込	(16〜28)	23.7
フィギュアスケート	(16〜26)	21.3
競泳	(16〜25)	20.0

女子

種目	年齢範囲	充実期年齢
弓道	(22〜50)	41.4
フェンシング	(27〜34)	31.0
バレーボール	(18〜34)	26.8
陸上・投	(18〜33)	26.1
陸上・中	(18〜30)	25.8
テニス	(18〜32)	25.5
カヌー	(17〜36)	24.6
バドミントン	(21〜25)	23.5
陸上・短	(17〜34)	23.2
陸上・跳	(16〜29)	23.0
卓球	(21〜25)	22.3
バスケットボール	(18〜25)	22.3
飛込	(17〜28)	20.5
フィギュアスケート	(17〜21)	19.2
体操	(14〜20)	17.9
競泳	(14〜24)	17.3

(注) ( )は年齢範囲
図 3.18 各種スポーツの充実期年齢(文献 25)を一部改変)

は，オリンピックや世界選手権大会などで入賞した選手の年齢から検討されている．図3.18に示したように，充実期の平均年齢の多くは20歳代後半であるが，競技種目によってその年齢幅は大きい．10歳代後半でも世界のトップレベルに達するものもあり，その傾向は女子に多く見られる．一方では，40歳代でも十分に活躍できる競技年齢の長い種目もある[25]．

(3) 中高年期の身体機能と体力
a. 老化と身体機能

ヒトの成熟後，つまり中年期以降は生物学的な老化とともに，日常生活での身体活動量も減少する傾向にあるため，否応なく形態的にも機能的にも低下の一途をたどる．しかし，器官，組織，機能によってその様相は一様でなく，また個人差も著しい．主な老化の特徴，組織と機能の変化は以下のとおりである[26]．

[老化の主な特徴]
① 加齢の成長，成熟および退縮の3期の退縮期にあたる．
② 変化はゆるやかに進行し，生体のすべてに見られる．
③ 組織，細胞内の変化，臓器の機能の減退，ホメオスタシスが減退する．
④ 合併症を誘発しやすくなる．

[老化と主な組織と機能の変化]
① 組織——ⓐ実質細胞数の減少，ⓑ細胞内の変化，ⓒ結合組織の変化
② 機能——ⓐ予備力の低下，ⓑ反応の鈍化，ⓒ回復の遅延，ⓓ最盛力の減退

b. 中高年期の体力変化

この時期の体力変化を，文部省の新体力テスト（20～64歳対象）をもとに示したのが図3.19である[23]．20～24歳値を100として各年代の平均値を図示しているが，60～64歳での低下率は，握力，長座体前屈や急歩は男女ともに，20～24歳値の約80～90％，反復横とびと立ち幅とびで約70～75％，上体起こしで男子約50％，女子約50％，最も大きな低下を示す20mシャトルランは男女とも約40％レベルである．筋機能を指標である握力や上体起こしの差異は，筋力を発揮する部位の上肢，体幹の違い，あるいは静的筋力か，動的筋持久力かによってその違いが考えられるが，筋持久力のほうが加齢による低下率は大きいといえる．また，全身持久力の指標である急歩と20mシャトルランの差異は，運動課

題の歩行あるいは走行時の運動強度の違いによるが，運動強度の高い 20 m シャトルランでみるかぎり，すべての体力要因のなかでも全身持久力の低下率は顕著である．なお，この 20 m シャトルランの成績は，全身持久力の最も科学的な尺度である最大酸素摂取量との相関が高く，その成績から最大酸素摂取量の推定が

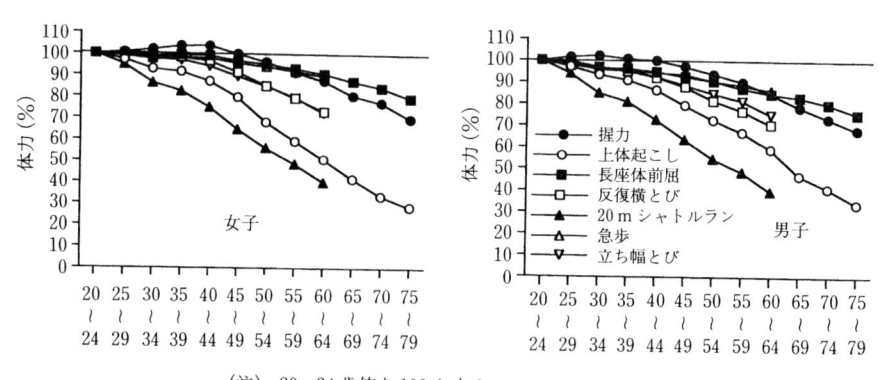

(注) 20～24 歳値を 100 とする
図 3.19 体力テスト結果の加齢変化（文献 23）より作図）

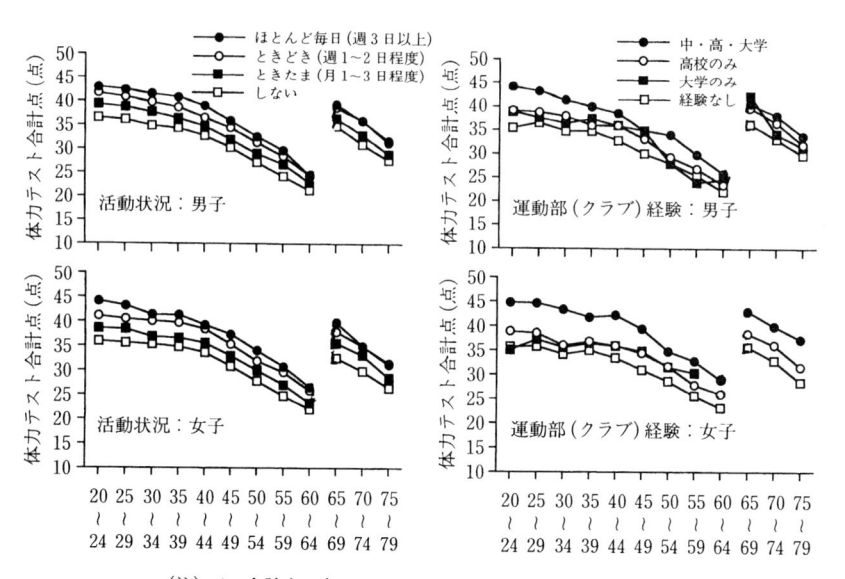

(注) 1. 合計点は各テスト項目の合計．
2. 20～64 歳，65～79 歳および男女の得点基準は異なる．
図 3.20 運動・スポーツ活動状況と活動経験（文献 23）より作図）

可能であり，効果的な運動処方をするうえでの重要な資料となっている[27]．

なお，日頃から運動やスポーツを実施していても加齢とともに低下するが，その低下率は，活動しない者よりも低く，しかも活動頻度が多いほどその体力水準を高く保つことができる．また，学生時代の運動部あるいはスポーツクラブでの活動経験も，引き続き中高年においても高い体力水準の維持が可能である（図3.20）．「年をとると足腰が弱くなる」とよくいわれるが，将来にわたって活力のある生活を営めるように，学生時代での運動やスポーツ活動への積極的な参加を期待したいものである．

(4) 中高年期のスポーツ

a. 中高年者のスポーツの目的

2020年には4人に1人，2050年には3人に1人が老人という超高齢化社会が到来するなかで，スポーツの実践は，健康的な生活，QOLを営むための健康の保持・増進のためであり，気分転換のためであるといえる．また，中高年者にも競技スポーツの門戸が開放され，青少年顔負けのトレーニングで各種競技会にチャレンジする人々が多くなってきている．これは，競技会参加に備えてトレーニングを積んだ人のみが可能であるといえるが，高齢者も体力に応じてスポーツスキルを楽しみながら競い合う機会が増えてくるものと予想される．

b. 中高年者が愛好するスポーツ

表3.2，3.3は，余暇開発センターが調査した1998年度のスポーツ種目の参加人口や参加率などの主な結果を示したものである[28]．この調査報告により，わが国の種目別のスポーツ人口や中高年者が愛好するスポーツなどを知ることができる．スポーツ参加人口（年1回以上）の上位は，①ボウリング，②体操（器具なし），③ジョギング・マラソンなどであるが，特に，ボウリングは3750万人とわが国の3人のうちの1人が参加していることになる．将来やってみたい，あるいは今後も続けたい種目になると，①水泳，②ボウリング，③体操と入替わりが見られる．なお，この参加人口は，そのスポーツにかかる必要経費の大小にもかかわることは否めない．参加率の加齢による低下は，男子のボウリング，キャッチボール・野球，女子のボウリングや水泳（プール）で著しい．一方，60歳以上でも比較的高い参加率を示す種目は，男子で体操，釣りやジョギング・マラソン，

3.2 加齢とスポーツ

表3.2 わが国の主なスポーツ参加人口，参加率と参加希望率など（男女）[28]

	スポーツ種目	参加人口（万人）	参加率（%）	年間平均活動回数（回）	1回当たり費用（円）	参加希望率（%）
1	ボウリング	3 750	34.9	4.8	1 980	25.6
2	体操（器具を使わない）	2 990	27.8	52.7	60	22.8
3	ジョギング・マラソン	2 270	21.1	33.3	130	21.3
4	水泳（プール）	2 160	20.1	15.7	1 170	27.5
5	釣り	2 040	19.0	9.5	3 590	22.0
6	キャッチボール・野球	1 610	15.0	13.8	300	10.7
7	サイクリング・サイクルスポーツ	1 450	13.5	25.0	400	14.3
8	スキー	1 390	12.9	4.5	15 950	20.3
9	ゴルフ（練習場）	1 330	12.4	17.7	1 850	14.6
10	トレーニング	1 290	12.0	42.0	260	14.3
11	バドミントン	1 290	12.0	12.7	240	9.5
12	ゴルフ（コース）	1 180	11.0	10.4	14 850	16.3
13	卓球	1 110	10.2	10.2	430	8.1
14	バレーボール	930	8.6	20.1	160	6.3
15	テニス	910	8.5	22.5	1 090	13.3

表3.3 性・年齢別の主なスポーツ参加率[28]

		男					女				
		20代	30代	40代	50代	60代以上	20代	30代	40代	50代	60代以上
1	ボウリング	55.7	46.8	45.0	38.2	11.6	49.8	40.8	34.4	19.3	6.5
2	体操（器具を使わない）	15.9	20.2	29.6	27.8	27.9	28.7	27.2	31.3	38.7	30.0
3	ジョギング・マラソン	23.5	26.0	23.2	24.8	19.4	14.5	12.6	17.5	19.6	11.6
4	水泳（プール）	15.0	29.1	25.1	12.6	7.7	25.9	32.9	18.2	15.0	9.5
5	釣り	33.9	29.1	31.7	31.7	19.7	20.1	13.8	7.1	5.8	1.0
6	キャッチボール・野球	29.1	32.2	28.6	19.0	7.3	10.4	12.3	4.9	1.0	0.3
7	サイクリング・サイクルスポーツ	10.2	17.7	18.5	11.3	10.3	15.6	20.0	16.0	10.6	3.8
8	スキー	25.9	22.2	17.4	9.0	3.2	18.7	16.6	9.2	4.3	1.0
9	ゴルフ（練習場）	19.1	25.4	21.3	23.4	11.6	8.7	8.4	5.0	6.9	2.4
10	トレーニング	23.3	20.3	12.9	11.7	3.3	9.9	10.3	7.3	6.3	4.3

女子では体操などが見られる.

　施設や用器具確保の必要があるが，学生時代に親しむ機会の多いスポーツへの参加，つまりバドミントン，卓球，バレーボールやテニスなどの参加人口がいま一つであり，60歳代以上のこれらの参加率は5％未満と僅少である．高齢者が体力に応じて体操やウォーキングで健康的に楽しむこともちろんであるが，生涯にわたっていろいろなスポーツのスキルを楽しむことも大切である．青年期の体力の充実している時期に，ぜひともスポーツを楽しむためのスポーツ技術，つまりスキル獲得にチャレンジしたいものである．

3.3　運動処方の作成

(1)　運動処方の考え方
a.　健康づくりの運動の3条件
　健康維持・増進を目的とした運動には，備えるべき基本的な条件が三つある．それは，「安全であること」，「効果の高いこと」，そして「楽しいこと」である．

1)　安全であること
　運動やスポーツは健康のためによいといっても，運動中は身体に負担を与えることになる．そして，その負担が実施者の許容範囲を越えたりすると，持病を悪化させたり，傷害を起こしたりすることがある．普段，体を動かしていない者が，久しぶりに球技系などのスポーツ競技に参加し，勝負に夢中になるあまり，捻挫，肉離れ，腱断裂などを起こして逆に健康を害してしまうことはよくあることである．

2)　効果の高いこと
　実施する運動に効果がなければ，それに費やした労力や時間は無駄になりかねない．運動は身体にある程度の負荷がかかってこそ効果が生まれる．また目的によっては，行うべき運動も異なってくる．例えば，脂肪燃焼を目的とする場合，低中強度の運動が望ましく，反対に筋力向上のためには比較的高い強度の運動が適している．目的とする効果が十分に得られる運動を選択することが大切である．

3)　楽しいこと
　運動・スポーツは定期的に継続してこそ，効果が現れるものである．いくら効

果が高く，科学的に根拠がある運動であっても，楽しくなければ長続きしない．自分が継続できる運動を選択することも大切となる．

(2) 運動処方の自由度

運動処方を作成する難しい点は，「安全」と「効果」という相反する条件を満たさなければならないことである．安全が確保される限界，つまりこれ以上の運動には危険が伴いやすい運動強度や運動量の限界を「安全限界」と呼ぶ．それに対し，効果が確保される限界，つまりこれ以下の運動では効果が十分でない運動強度や運動量の限界を「有効限界」と呼ぶ．健康のための運動は，この二つの限界の間で実施されることが望ましく，その範囲を運動処方の「自由度」と呼ぶ．

図 3.21 に示すように，運動処方の自由度は身体条件によって異なる．年齢が若い，体力がすぐれている，病気がないなどの身体条件がすぐれている場合は，安全限界が高くなり，自由度が大きくなる．ただし，この条件に合う人は，強度が低い運動では身体への負荷が物足りないため効果が期待できにくく，有効限界も上昇する．一方，高齢，体力が劣る，健康上の問題があるなど身体条件が劣ると，安全限界が低くなり，処方すべき自由度が狭くなってくる．それゆえ，運動内容を厳しく規定する必要がある．

(3) 運動処方の手順

ここでは，運動処方を行う場合の，理想的な実施手順について簡単に説明する（図 3.22）．特に中高齢者や低体力（運動不足）者もしくは健康上に問題がある人

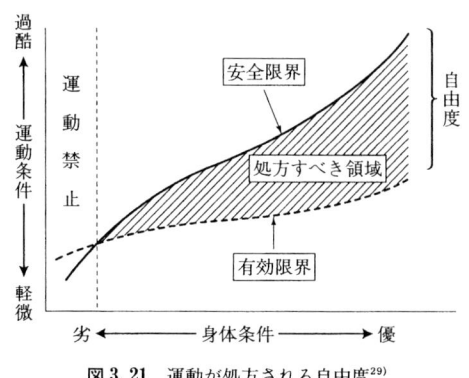

図 3.21 運動が処方される自由度[29)]

第3章 健康で長生きするために

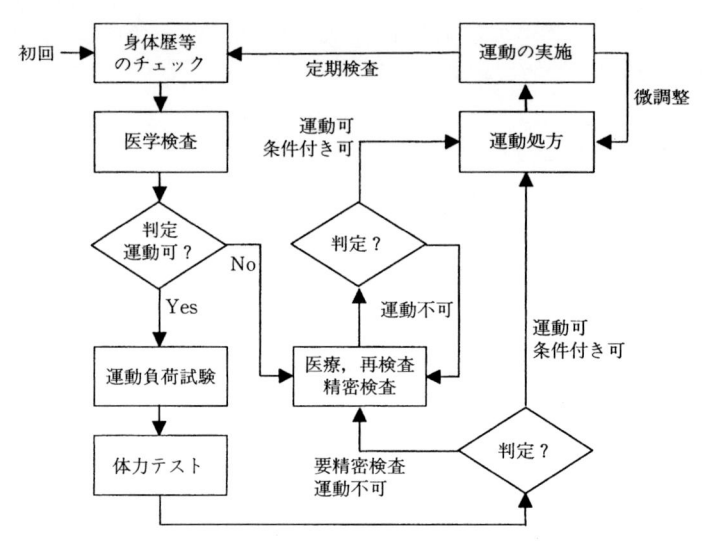

図3.22 運動処方の手順を示したフローチャート[29]

は，この手順に従って実施すべきである．

① 医学検査——問診と臨床検査からなり，運動を実施しても差し支えないかどうかを判断する．また，次に行う運動負荷試験や体力テストの可否などの参考にもなる．

② 運動負荷試験，体力テスト，形態測定——運動負荷試験では，特に運動時に循環系の異常がないかを検査すると同時に，その人の体力，特に全身持久性を評価し，上述した安全限界と有効限界を決めるのに参考とされる．また，体力テストも兼ねることにより，体力要素（「2.2(2) 体力の測定」参照）のなかで，劣っている体力要素や各要素のバランスなどを評価する．さらに，肥満が成人病の発生と深い関係があることから，最近では形態検査を行い，肥満判定を行うところも多い．

③ 運動処方の作成，微調整——上記の検査の評価をもとに，運動処方を作成する．作成方法は後で詳述する．また，作成した運動処方を試してみて，自分の条件に合わない点があれば，微調整を行う．

④ 再検査——改めて各検査を実施し，実施された運動に効果が見られたかどうかを評価し，運動処方を見直す．

(4) 運動処方の内容

運動負荷試験や体力テストが終了すれば，それらの評価をもとに運動処方を作成する．そして，その運動処方には次の六つの項目が含まれなければいけない．

① 運動種目
② 運動強度
③ 運動時間（運動量）
④ 運動頻度
⑤ コンディショニング（体を慣らすための調整）
⑥ その他の付帯条件

(5) 運動・スポーツ種目

健康づくりにウェイトをおいて，運動・スポーツ種目を選択する場合，年齢，体力，健康状態および目的に応じた種目を選ぶことが大切である．年齢が若く，健康上に問題がない人は，比較的活動量が多く，体力全般を向上させる種目が望ましい．一方，身体条件が劣る人は，安全性も考慮して，有酸素運動のなかでも強度が調節しやすく，無理なくできる種目（たとえばウォーキングや軽スポーツ）を選択する必要がある．種目を選択する場合には，それぞれの運動・スポーツ種目にどのような特徴があるのかを理解しておく必要がある．

a. 有酸素運動と無酸素運動

第2章で述べているように，運動はエネルギー供給機構の違いから有酸素運動と無酸素運動に分けることができ，健康のための運動としては有酸素運動のほうがすぐれている．それゆえ，運動処方は有酸素運動をメインとし，時間的および身体的に余裕があれば無酸素運動（筋力トレーニングなど）を加えるとよい．

運動・スポーツ種目によって有酸素運動と無酸素運動を区別すると，表3.4のようになる．サッカーやバスケットボールなどのスポーツ種目は，場面によっては有酸素運動にもなり無酸素運動にもなる．このような種目は混合運動として扱われる．

b. 健康づくりに適した有酸素運動

有酸素運動にあてはまる運動・スポーツ種目は数多い．しかし，健康づくりを重視する場合は，下記の三つの条件を満たしていることが望ましい．

第3章 健康で長生きするために

表3.4 有酸素運動，混合運動，無酸素運動の例

有酸素運動	混合運動	無酸素運動
ウォーキング	サッカー	短距離走
ジョギング	バスケットボール	重量挙げ
サイクリング	ハンドボール	筋力トレーニング
水泳(遠泳)	ホッケー	相撲
エアロビックダンス	ラグビー	ジャンプ
登山(低山)		ゴルフクラブ，野球の
テニス*		バット等のスイング
卓球*		
バドミントン*		

(注) * 場面によって混合運動になることもある．

1) 全身運動であること

　局所的な運動では，その部位の筋肉への負担が集中しやすく，早く疲労しやすい．また，血圧が上昇しやすいなど安全面で問題がある．逆に全身運動は，多くの筋肉が動員されるため運動量が多くとれ，持久力の向上や脂肪燃焼に適している．健康を考えると，局所的に鍛えるのではなく，全身を鍛えたほうがよいことは言うまでもない．

2) リズミカルであること

　運動を長く続けるためには，活動している筋肉に新鮮な血液が心臓から効率よく送り込まれなければいけない．そのためには逆に，筋肉で用いられた血液を効率よく心臓に送り返すことも大切となる．リズミカルな運動は，筋肉の弛緩と収縮を繰り返し，静脈の圧迫を繰り返すことで，筋肉内の静脈血を心臓側へ送り返すことができる(これを筋ポンプ作用と呼ぶ)．しかし，リズミカルでない静的な運動はこのような作用が乏しいため血液の循環効率が悪く，筋肉が速く疲労する．また，血圧の上昇も起こりやすい．

3) 定常運動であること

　定常運動とは体中の酸素の需要と供給のバランスがとれ，体内の各機能が一定水準を維持している運動のことである．このような運動は，身体への負担が少なく，長時間運動を継続することができ，持久性の向上や消費カロリーの増加につながる．逆に強度の上下動が激しい運動では，体内の各機能がその変化に対応しようとする分，心臓など各機能への負担が大きく安全的でない．また，エネルギーが無酸素的に生成されやすく，乳酸などの疲労物質を生成してしまう．

上記の三つに合った種目の主な例としては，ウォーキング(歩行，特に速歩)，ジョギング，サイクリング，水泳(長く泳ぐ)，エアロビックダンスなどがある．

c. 種目の選択

健康のための運動は前述したウォーキングやジョギングなどの種目が望ましいが，しかし，これらの種目は単調であり，楽しさが物足りないという欠点がある．身体条件がすぐれていれば，表3.4に示した有酸素運動および混合運動を選択するのもよい．ただし，球技系スポーツ種目には長所と短所があることを知っておくべきである．

球技系のスポーツの長所は何といっても楽しいということであろう．また，運動技術が向上していき，その進歩を実感でき喜びを得る点も大きな長所である．しかし，バレーボールやサッカーなどの団体スポーツは施設，道具，そしてメンバーがそろわないといけない．健康のための運動・スポーツは定期的に継続してこそ，効果が現れることを考えると，球技系のスポーツは手軽さという面で短所がある．団体スポーツ種目をする場合は，学校，職場や地域のクラブ，サークル等に所属しないと継続し難い．しかし，テニス，卓球，バドミントンなどは小人

表3.5 各種運動・スポーツ種目別に見た必要な体力要素，安全性，手軽さ

種目	必要な体力要素				安全性	手軽さ
	力強さ	スピード	持久性	運動技術		
バレーボール	◎	◎	○	○	○	△
バスケットボール	○	◎	◎	◎	△	△
テニス	◎	◎	◎	◎	○	○
卓球	△	◎	○	◎	◎	○
バドミントン	○	◎	◎	◎	○	○
サッカー	◎	◎	◎	○	△	△
野球(ソフトボール)	◎	◎	△	○	△	△
ゴルフ	◎	△	△	○	○	△
スキー	○	○	○	◎	△	△
ボウリング	○	△	△	○	◎	○
ゲートボール	△	△	△	○	◎	○
ジョギング	○	○	◎	△	○	◎
ウォーキング・速歩	○	△	○	△	◎	◎
ウォーキング・平常歩	△	△	○	△	◎	◎
水泳(ゆっくり長く)	○	○	◎	○	○	△
エアロビックダンス	△	○	◎	○	◎	△
なわとび	△	○	○	△	○	◎
ラジオ体操など	○	△	△	△	◎	◎

数ででき，施設が確保しやすく，比較的手軽な球技スポーツといえよう．また，球技系のスポーツは場面によって，また勝敗がからみ夢中になりすぎて，運動強度が激しく変動し，目的とする運動強度に調節しにくく安全性が欠けるという欠点がある．球技系スポーツにはこのような短所があることを知り，実施したほうがよい．表3.5には，各種運動・スポーツをさまざまな角度から比較しているので，種目を選択するときに参考にしてほしい．

(6) 運動強度
a. 健康づくりに適した運動強度とは
健康づくりの運動は有効限界と安全限界の範囲で行われるのが望ましい．また，強度によって得られる効果も異なってくる．そのため，健康のための運動を実施する場合は，運動強度の求め方と調節のしかたを知っておく必要がある．
b. 運動強度の求め方
健康のための運動の強度を決める場合は，相対的運動強度，すなわち個々が行うことができる最大運動強度（運動耐用能）に対するパーセンテージを用いる．
1) ％最大酸素摂取量（％ $\dot{V}_{O_2 max}$）

最大運動強度に達するときは，酸素摂取量も最大（$\dot{V}_{O_2 max}$）となり，運動時の酸素摂取量が $\dot{V}_{O_2 max}$ に対してどの程度であるかを示すのが％ $\dot{V}_{O_2 max}$ となる（下記式参照）．酸素摂取量とは体内に取り込む酸素の量であり，その量によって体内でどの程度エネルギーが生成されたかを評価できる．それゆえ，％ $\dot{V}_{O_2 max}$ は運動強度を表すのに最も適した単位である．しかし，酸素摂取量の測定には高価な器具等が必要であり，一般向けではない．

$$\dot{V}_{O_2 max} (\%) = \frac{運動時\ \dot{V}_{O_2}}{\dot{V}_{O_2 max}} \times 100$$

2) ％予備心拍数（％ HRreserve）

心拍数（Heart rate：HR）とは心臓の拍動の回数のことで，1分間当たりの回数で示す．その心拍数は運動強度と直線関係にある．そして，最大運動強度すなわち100％に達するときは，心拍数も最大となり，安静時すなわち0％のときは安静時心拍数が相当する．つまり運動時に，最大心拍数と安静時心拍数の領域，すなわち予備心拍数をどの程度使っているかによって運動強度，％予備心

3.3 運動処方の作成

図3.23 心拍数と運動強度との関係

図3.24 脈拍数の測定のしかた

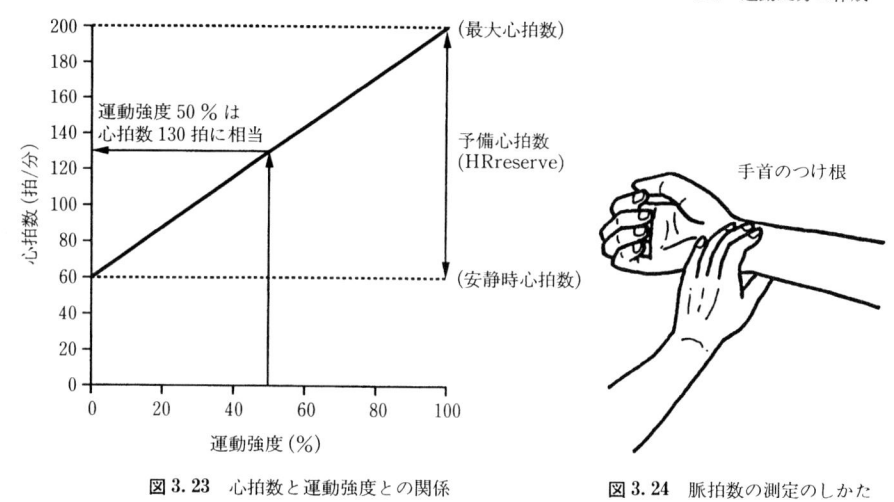

拍数 (% HRreserve) を表すことができる (下記式および図 3.23). 心拍数は後述するように,簡単かつ正確に測定することができ,一般向けである. 最大心拍数は 220－年齢で推定できる.

$$\% \text{HRreserve}(\%) = \frac{\text{運動時心拍数} - \text{安静時心拍数}}{\text{最大心拍数} - \text{安静時心拍数}} \times 100$$

[心拍数,脈拍の測り方]

心拍数を測る方法はいろいろある. ここでは触診法による方法を紹介する. 図 3.24 のように,とう骨動脈に 3 本の指の腹をあて,脈がふれる数 (脈拍) を数える. 運動中に測定する場合,脈拍が数えられるよう一時的に動作を小さくする. そして,10 秒間の脈拍数を数え,その値を 6 倍し,1 分間値に換算する.

3) 自覚的運動強度 (rating of perceived exertion : RPE)

これは Borg によって考案された自覚的な判断によって運動強度を表す相対的運動強度である. 表 3.6 には,6 から 20 の数字に運動中のきつさが示してある. 数字を 10 倍すると心拍数に近い値になるように工夫されている (20 歳代の場合). この方法は,運動種目やこの表に慣れているかどうかによって誤差が大きくなることがあり,目安程度としたほうがよい. しかし,慣れている人にとっては信頼性がかなり高くなり,実用できる.

第3章　健康で長生きするために

表 3.6　自覚的運動強度 (RPE) とその感覚

RPE	感　覚	状態，その他の感覚
20		
19	非常にきつい	疲労困憊，体全体が苦しい
18		
17	かなりきつい	続けられない，やめたい，呼吸が苦しい
16		
15	きつい	汗びっしょり，続くかどうか不安，呼吸がはずむ
14		
13	ややきつい	汗が出る，充実感，まだ会話が可能
12		
11	やや楽である	汗が軽く出る，心地よいが少し物足りない
10		
9	楽である	汗は出ない，物足りない
8		
7	非常に楽である	安静
6		

(注)　この自覚的運動強度は20歳代を対象としている．

(7)　運動量

　肥満解消などの運動は，栄養面との兼ね合いから，消費カロリー(kcal)による運動量によって目標を定めることが多い．ここでは，消費カロリーを簡易的に計算する方法を紹介する．消費カロリーは運動強度と運動時間，そしてその人の体重によって決定される．そのため，運動強度がわかればおよその消費カロリーを求めることができる．運動強度の値としてはエネルギー代謝率 (relative metabolic rate：RMR) と METs (メッツ：metabolic equivalents) がよく用いられる．ここでは比較的簡単に計算できる METs について紹介する．
　METs という単位は，下式のとおり身体活動時の代謝量が安静時の代謝量の何倍かを示す．安静時の METs は1となり，体重1kg，1時間当たり約1kcal を消費する．すなわち1 MET は 1 kcal/(kg・時) と相当する．この METs を用いて，消費カロリーを推定する場合は，下記式より算出できる．各種身体活動の METs の数値は表3.7を参考にする．

　　　　METs＝運動時代謝量/安静時代謝量
　　　　消費カロリー (kcal) ＝METs×運動時間 (時間)×体重 (kg)
　　　〈例：体重 60 kg の人が分速 60 m の歩行を 30 分間した場合〉
　　　　消費カロリー (kcal) ＝3.0 (METs)×0.5 (時間)×60 (kg，体重)＝90 kcal

表3.7　各種運動・スポーツ種目とMETs[30]

身体活動状況	METs	身体活動状況	METs	範囲
座位安静	1.0	バドミントン	5.8	4～9+
立位安静	1.3	バスケットボール　ゲーム	8.3	7～12+
歩行：分速50 m	2.4	非ゲーム		3～9+
歩行：分速60 m	3.0	ボウリング		2～4
歩行：分速70 m	3.6	サイクリング　趣味または仕事		3～8
歩行：分速80 m	4.2	10マイル/時	7.0	
歩行：分速90 m	4.8	エアロビックダンス		6～9
歩行：分速100 m	5.4	ゴルフ（バッグをかつぐ，カート）	5.1	4～7
走行：分速120 m	6.5	なわとび　60～80回/分	9.0	
走行：分速140 m	7.0	サッカー		5～12+
走行：分速160 m	8.5	水泳		4～8
走行：分速180 m	10.0	卓球	4.1	3～5
		テニス	6.5	4～9+
走行：分速200 m	12.0	バレーボール		3～6

(8) コンディショニング

　身体条件が劣る人や，最近ほとんど身体活動を行っていない人は，初めから激しい運動は避けるべきである．筋肉痛や肉離れをはじめさまざまなトラブルを起こしやすく，運動の継続を妨げることになる．このようなことが起こらないように，初めは運動の時間，強度を軽くして，徐々に目標に近づけていくのがコンディショニングである．

　普段の身体活動状況にもよるが，初めは目標とする運動の半分程度の運動強度，運動量（時間）からスタートしてみる．頻度も初めは隔日で行うとよい．そして，体が慣れていくに従って目標に近づけていく．その期間は2～8週間程度である．

(9) 運動処方のガイドライン

　3.1でも触れているが，下記に運動処方のガイドラインを示した．特に病気がない場合は，下記のガイドラインを参考に運動処方を作成するとよい．なお，高齢者や病気がある者は専門家に相談してから運動を始めるべきである．

a. 体力全般向上（若者，身体条件がすぐれている者）

運動種目：有酸素運動（球技系スポーツも可）

運動頻度：週3～5回

運動強度：最大酸素摂取量もしくはHRreserveの50～80％

運動時間：20〜60分(ただし，運動強度が低い場合は時間を長く)
付帯条件：筋力トレーニングやストレッチングも行うこと

b. 低体力者(中年者，運動不足者)

運動種目：有酸素運動(球技系スポーツも可)
運動頻度：週3〜5回
運動強度：最大酸素摂取量もしくはHRreserveの40〜70％
運動時間：20〜60分(ただし，運動強度が低い場合は時間を長く)
コンディショニング：初めから無理をしない．期間をかけてコンディショニングを行うこと．

c. 肥満予防，解消

運動種目：ウォーキング，ジョギング，サイクリング，水泳，エアロビックダンスなどの有酸素運動(ただし，体重が多すぎる場合，ジョギングは不可)
運動頻度：週3〜5回
運動強度：最大酸素摂取量もしくはHRreserveの40〜60％
運動時間：20分以上，長いほど効果あり
コンディショニング：肥満になるということは運動不足の傾向もあるため，期間をかけて行う．
付帯条件：軽度な食事制限との併用が望ましい．

d. 運動所要量(厚生省)

上述したガイドラインに合った運動を行うのが理想的であるが，学校や仕事の都合などによって，運動を行う時間を確保するのが難しい場合もある．その場合は，厚生省が推奨する健康づくりのための運動所要量(表3.8)を目安にすると

表3.8 健康づくりのための運動所要量(厚生省)[32]

年齢階級	20代	30代	40代	50代	60代
1週間の合計時間	180分	170分	160分	150分	140分
目標心拍数(拍/分)	130	125	120	115	110

〈運動所要量を利用する際の留意事項〉
1. 運動の持続時間：体が有酸素運動として反応するための時間を考慮すると，少なくとも10分以上継続した運動であることが必要である．
2. 1日の合計時間：1日の合計時間としては20分以上であることが望ましい．
3. 運動頻度：原則として毎日行うことが望ましい．

3.4 健康づくりの運動の実践

(1) 運動実施の注意事項

人の体調は毎日同じでない．体調が良いときもあればそうでないときもある．その人にとって適度な運動であっても，体調が悪いときなどに無理して運動を行うと，体調をさらに悪化させたり，事故を招くことがあり，かえって健康を害することもある．また，平常だと感じられても，運動することによって体調が崩れることもある．そのようなことを防ぐためにも，運動前・中・後に体調をチェックし，その状況に応じて運動を調節する必要がある．

また，運動を急に始めたり，中止したりすると，これもトラブルのもととなる．運動は，セルフチェック(体調，環境)→準備運動→軽運動→主運動→軽運動→整理運動→体調の確認の順で行われるのが望ましい．

a. 運動前のセルフチェック

1) 体調チェック

風邪，頭痛等の一時的な病気は当然であるが，表3.9のような状態のときは運動を控えるべきである．体調を客観的に評価する方法としては，体温，血圧や心拍数を測る方法がある．普段の安静時心拍数(平均60～80拍/分)より30拍/分以上であれば，体調に異常がある可能性が高く，運動を中止したほうがよい．

2) 環境チェック

運動を行う場所の気温，湿度および日射状況等をチェックする．高温多湿，直射日光は熱中症や脱水症状を起こしやすく，そのような状況下で運動を行う場合は，厚着を避け，帽子をかぶり，また水分を準備するなどの予防策を講じておく．最近，汗をたくさん

表3.9 運動を中止すべき症状(運動前)

睡眠不足
二日酔い
吐き気
全身がだるい(倦怠感)
のどが痛い(せきをする)
足元がふらつく
下痢をしている
朝食をとっていない(いつもより少ない)
めまい

流すことによって脂肪が多く燃焼すると思い，必要以上に服を着て運動する人がいるが，その効果はまったくなく，逆に水分が身体から過剰に放出することにより，脱水症状や心臓への負担が高くなる．また，運動を行う周辺に，つまずきやすい物など傷害を起こしやすい物がないかも確認する．

b. 準備運動(ウォーミングアップ)

激しい運動を急に行うと，身体は急激な変化に対応できず，疲労が早くたまり，また傷害などの発生率が高くなる．主運動の前にはストレッチングや体操などを行い，筋肉や関節の動きを円滑にし，運動ができる心身にスタンバイさせる．

c. 軽運動

準備運動を終わっても急に激しい運動を始めてはいけない．安静状態から徐々に強度を上げていき，徐々に副交感神経活動を弱めるとともに交感神経活動を高め，心臓，肺，筋肉などの働きを運動できる状態にスムーズに移行させる．例えばテニスなどをする場合，まずは軽い素振りやゆっくりとしたラリーをしたり，または軽く走ったりしてから試合を行うようにする．

なお，準備運動，軽運動中も体調を再確認し，問題なければ主運動に移る．

d. 主運動

主運動中は，目的とする運動強度や運動量になるよう，心拍数や自覚的運動強度を確認しながら調節していく．また，運動の途中に表3.10のような異常を感じたら，運動を軽くするか中断し，様子を見るようにする．

e. 軽運動

主運動が終わったら，強度を徐々に落としていき，安静状態にスムーズに移行させる．激しい運動を急に中止すると，血液が一時的に下肢などに貯留し，心臓に戻る血液が少なくなり，脳貧血を起こすことがある．また，交感神経活動から副交感神経活動への切替えがスムーズにいかないことがあり，気分が悪くなるなどの事故が起こりやすい．このようなことを防ぐためにも，主運動後は時間をかけて強度をゆっくり落としていく．また，軽運動を行うこと

表3.10 運動を中止すべき症状 (運動中)

めまい
吐き気
横腹が激しく痛む
頭痛
冷や汗
呼吸困難 (激しい息切れ)
いつもより強い疲労感
胸がかき回されるように苦しい
脈拍がいつもより著しく増加
足，膝，股関節の痛みがひどい
足がもつれて運動困難
下肢筋に力が入らない

によって疲労物質である乳酸の除去を促進することもできる．

f. 整理運動

ストレッチングやスポーツマッサージなどを行い，使用した筋肉への血流を促進させ，疲労回復を促進させる．これを怠ると，翌日に筋肉痛が発生しやすい．特に高齢，運動不足の者ほど，疲労が除去されにくく，時間をかけて整理運動を行ったほうがよい．

g. 体調確認

安静状態にきちんと戻れたかどうか，また運動中に気づかなかった異常（関節や筋肉の痛みなど）がなかったかどうかを確認する．整理運動を利用し，全身の部位を触ったり動かしたりして，どこか異常がないかを確認してもよい．

(2) 各種運動の実施方法
a. 各種有酸素運動
1) ウォーキング

ウォーキングは日常生活の基本動作であり，誰でも，いつでも，どこでも気軽にできるところに長所がある．また，中高齢者や運動不足の者にとっては，運動を始める種目として一番適度な運動である．

しかし，若者や体力がすぐれている者にとっては，逆に強度が低すぎて身体的効果が小さい．また，散歩のような何気なく歩く運動は，エネルギー効率がよく，言い換えればエネルギーが消費しにくい．そのようなウォーキングの欠点をなくすためには，意識的に歩幅を広げ，腕を振り，速度を速くすることである．そうすれば，ジョギングに近い運動強度に到達できる．また，歩幅，腕の振り，速度を調節することで，運動強度の調節も容易となる．このような歩行を最近ではウォーキングエクササイズと呼んでいる．

特にウォーキングでは，歩幅を普段の歩幅より広げて歩くことが望ましい（理想的には身長の40～50％）．人間の歩幅は老化によって，狭くなっていく．これは，脚の筋肉やバランス機能が衰え，広い歩幅で歩くことができないからである．歩幅を広げることは，単に消費エネルギーを増やすだけでなく，脚の筋肉やバランス機能の強化にもつながる．

ウォーキングを実施するときに，注意すべきことは，ウォーキング用のシュー

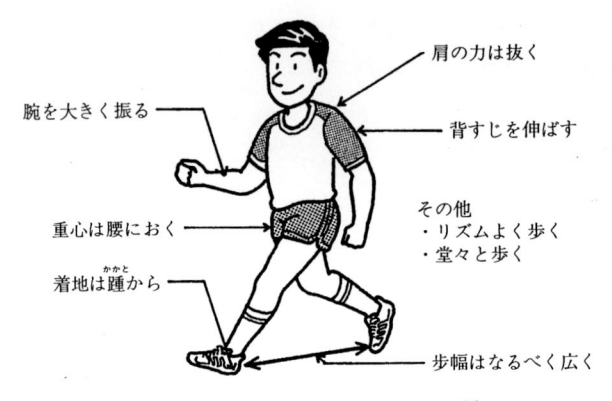

図 3.25　正しいウォーキングのフォーム[34]

図 3.26　正しいジョギングのフォーム[34]

ズを履くことと，そして正しいフォーム（図 3.25）で歩くことである．ウォーキングシューズを履くメリットは，単に障害予防だけでない．下肢に余分な負担がかからないため，運動を長時間続けられ，運動量を増やすことにつながる．

2)　ジョギング

ジョギングはウォーキングと同様，健康保持，増進には非常に有効な運動である．しかし，ジョギングはウォーキングに比べ，運動強度が高くなりやすく，若い人や日頃運動している人に適した運動といえる．また，ジョギングはウォーキングと違い，両足が地面から離れるときがあり，ウォーキングより数倍もの衝撃が足関節や膝に加わる．足関節や膝が悪い人，高齢者，肥満者には不向きな運動

といえる．

　ジョギングを実施するにあたっては，ジョギングに適した服装，シューズを着用すること，正しいフォーム（図3.26）で走ることなどに注意する必要がある．また，コンディショニングにも注意し，初めはゆっくりな速度で，時間，距離を長くするようにしていく．慣れてきたら速度を上げるとよい．

3）その他の有酸素運動

　その他の有酸素運動として，サイクリング，水泳・水中歩行，エアロビックダンスなどがある．どの種目も，自分の健康状態，体力に応じて運動強度を調節することができる．下記にこれらの種目について簡単な説明を加えた．

・サイクリング

　サイクリングは，高速で運動が行われるのにもかかわらず，誰にでも体力に合わせてそのスピードを安全に，自由にコントロールすることができる有酸素運動である．体重がサドルに支えられているため，ウォーキングと同様，膝への負担がかからない．また，サイクリングは自動車と違い無公害で，環境にもやさしい運動である．

・水泳・水中運動

　水中での運動は，全身の筋肉と日頃使われていない筋肉を強化できる．陸上での運動と違い，骨，関節に直接体重がかからないので，肥満者，腰痛や脚の関節痛のある人には有効な運動である．水泳では，距離，速度よりも時間を目安にして，運動を持続的に続けることを重要視する．水中運動には，水中ウォーキング，水中ジョギング，水中ジャンプなどがある．初めは動きを小さくゆっくり行い，慣れてきたら大きく速く行うようにする．

・エアロビックダンス

　軽快な音楽に合わせて踊るエアロビックダンスは楽しく，また全身運動でもあり，健康づくりに非常にすぐれた運動の一つである．一般的に，エアロビックダンスはフィットネス施設等で行われるため，手軽さの面で欠点があったが，最近ではテレビでも放送されており，家庭で行うことができる．

b．ストレッチング

　ストレッチングは引き伸ばすという意味をもち，筋肉や靱帯を15秒から60秒ほど伸ばし，適度な刺激を与える運動のことをいう．ストレッチングには，血液

第3章 健康で長生きするために

循環をよくする，疲労をなくす，関節の可動域を大きくする(柔軟性の向上)，気分をリラックスさせるなどの効果がある．最近では，単にスポーツを行う前後の準備運動，整理運動に用いられるだけでなく，ストレッチング自体を健康のた

首筋を伸ばす　　肩周辺と上背部の筋を伸ばす　　腕，肩周辺，体側の筋を伸ばす　　上肢の側面，体側の筋を伸ばす　　胸筋，腹筋を伸ばす

大腿部前面を伸ばす　　ふくらはぎを伸ばす　　ハムストリング(大腿部裏側)を伸ばす　　股関節，内股筋を伸ばす

殿筋，腰筋を伸ばす　　大腿部外側の筋，殿筋，腰筋を伸ばす

肩周辺の筋，腰筋を伸ばす　　腕，肩，背，腹，脚，足首などを伸ばす

図3.27　ストレッチングの例(文献34)の図を一部改変)

表3.11　ストレッチングの実施方法と注意事項

15〜60秒間伸ばす
初めの10秒は軽く筋を伸ばし，残りの時間はやや張りのあるよう筋を伸ばす
反動をつけない
呼吸を止めずに，普通に行う
伸ばしている筋肉を意識する

めに取り入れたりすることも多い．実施方法については表3.11と図3.27を参照されたい．

c. レジスタンス（抵抗）トレーニング

レジスタンストレーニングは，筋力や筋持久力を向上させるだけでなく，基礎代謝量（生きるために必要な最低限の代謝量）を増し，肥満になりにくい体をつくる．また，首，肩周辺の筋肉を鍛えると肩こり予防に，腹筋，背筋を鍛えると腰痛予防にもなる．ウェイトトレーニングはチューブ，ダンベル，マシンなどの器具を用いる場合と，器具を用いないで行う場合がある．

どのレジスタンストレーニングでも実施上注意すべきことは，① 呼吸を止めない，② 使っている筋肉を意識する，③ 最初は軽い負荷，少ない回数から始め，慣れてきたら徐々に負荷と回数を増やすことである．

文 献

1) 厚生統計協会：国民衛生の動向, 46(9), 1999.
2) 大野良之・柳川 洋編：生活習慣病予防マニュアル, 南山堂, 1999.
3) 国立大学等保健管理施設協議会編：わが国の学生の健康状態 学生と健康, 南江堂, pp. 8〜12, 1997.
4) 長崎大学学生生活調査委員会編：豊かな学生生活を目指して, 第6回学生生活調査報告書, pp. 45〜69, 1997.
5) Breslow, L. and Enstrom, J. E.: Persistence of health habits and their relationship to mortality, Preventive Medicine, 9, pp. 469〜483, 1980.
6) 篠田謙一・田原靖昭他：栄養士のための標準テキストシリーズ, 運動生理学, 金原出版, 1996.
7) 宮下充正・武藤芳照編：改訂第2版運動療法ガイド, 正しい運動処方を求めて, 日本醫事新報社, 1996.
8) 日野原重明：狭心症と心筋こうそく, 講談社, pp. 17〜26, 1991.
9) 久代登志男：意外に知らない正確な測り方, NHKきょうの健康5, 日本放送協会, pp. 54〜57, 2000.
10) 岸 恭一・上田伸男編：栄養科学シリーズ 運動生理学, 講談社サイエンティフィク, 1999.
11) 佐藤祐造・押田芳治：運動療法の進歩, 糖尿病の生活指導ガイドライン, 梶沼 宏他編, 金原出版, pp. 43〜47, 1997.

12) 藤原佐枝子：骨粗鬆症の疫学と骨折リスク，プラクティカル内科シリーズ4骨粗鬆症，松本俊夫編，南江堂，pp. 17～22，1998.
13) 楊　鴻生：運動療法と日常生活指導，プラクティカル内科シリーズ4骨粗鬆症，松本俊夫編，南江堂，pp. 73～83，1998.
14) Tsunawake, N. and Saimei, M.: Bone density, body composition and physical fitness in young female athlete, Appl Human Sci., 16, p. 216, 1997.
15) 池上晴夫：運動処方の実際，大修館書店，1987.
16) 小林寛道：青少年期の健康・体力とスポーツ，現代体育・スポーツ体系第10巻，健康・体力とスポーツ，浅見俊雄・宮下充正・渡辺　融編，講談社，pp. 94～105，1984.
17) 山本敏行他：新しい解剖生理学，南江堂，pp. 275～295，1988.
18) 高石昌弘他：からだの発達―身体発達学へのアプローチ，大修館書店，1998.
19) 北川　薫他：10歳から12歳の思春期前男女の身体組成と身体密度推定式，体育科学，16, pp. 7～14, 1988
20) Tsunawake, N. et al.: Changes in body shape of young individuals from the aspect of adult physique model by factor analysis, Appl. Human Sci., 14, pp. 227～234, 1995.
21) 宮下充正：体育とはなにか，大修館書店，pp. 5～8，1984.
22) 宮下充正：トレーニングの科学的基礎，ブックハウスHD，pp. 15～24，1993.
23) 文部省体育局：平成10年度体力・運動能力調査報告書，1999.
24) 小林寛道：日本人のエアロビクス・パワー―加齢による体力推移とトレーニングの影響―，杏林書院，pp. 20～46，1982.
25) 加賀谷熙彦：競技選手の年齢からみた体力の充実期，高石昌弘他編，講座現代のスポーツ科学　スポーツと年齢，大修館書店，pp. 231～243，1997.
26) 東京大学教養学部保健体育教室編：身体運動学第2版，東京大学出版会，p. 147, 1992.
27) 文部省：新体力テスト，有意義な活用のために，p. 20, 2000.
28) 余暇開発センター：レジャー白書'99，1999.
29) 池上晴夫：運動処方―理論と実際，朝倉書店，1990.
30) アメリカスポーツ医学会：運動処方の指針，南江堂，1997.
31) アメリカスポーツ医学会：The recommended quantity and quality of exercise for developing and maintaining cardiorespiratory and muscular fitness, and flexibility in healthy adults, Med. Sci. Sports Exerc., 30, pp. 975～991, 1998.
32) 厚生省保健医療局健康増進栄養課：健康づくりのための運動所要について，第4次改定日本人の栄養所要量，pp. 52～55，1990.
33) 綱分憲明・村木里志：健康づくりのために手軽にできる運動，健康づくりガイドブック（食事編），pp. 47～51，長崎県健康づくり研究会，1999.
34) 網師本真季編著：こころが感じるフィットネス，第一法規出版，1994.

索　引

あ

アイソキネティックトレーニング ……… 99
アイソトーニックトレーニング ………… 99
アイソメトリックトレーニング ………… 96
圧覚 …………………………………… 109
アデノシン三リン酸(ATP) …………… 58
アミノ酸 ………………………………… 16
α運動ニューロン …………………… 111
安静時心拍数 ………………………… 77
安全限界 …………………………… 143
アンドロゲン ………………………… 131

い

医学検査 …………………………… 144
一重項酸素 …………………………… 32
一次予防 …………………………… 120
遺伝的要因 ………………………… 119
インスリン依存型糖尿病 …………… 127
インスリン感受性 …………………… 128
インスリン抵抗性 …………………… 128
インスリン非依存型糖尿病 ………… 127
インパルス ………………………… 110

う

ウォーキング ………………………… 155
ウルトラディアンリズム ……………… 10
運動感覚 …………………………… 106
運動技術 …………………………… 106
運動技能 …………………………… 106
運動強度 …………………………… 148

運動時心拍数 ………………………… 77
運動種目特異性の原則 ……………… 99
運動処方 ………………………… 74, 142
運動所要量 ………………………… 152
運動成績 …………………………… 57
運動頻度 …………………………… 79
運動負荷試験 ……………………… 144
運動量 …………………………… 78, 150
運動領 ……………………………… 110

え，お

エアロビックダンス ………………… 157
エイコサペンタエン酸(EPA) ………… 18
栄養 ………………………………… 12
エキセントリックトレーニング ………… 98
エストロゲン ………………………… 131
エネルギー供給機構 ………………… 58
エネルギー代謝率(RMR) ………… 150
LSDトレーニング …………………… 80
炎症 ………………………………… 39

オスグッド病 ………………………… 46
温覚 ………………………………… 109

か

外側側副靭帯 ……………………… 44
解糖反応 …………………………… 58
外部環境要因 ……………………… 119
カイロミクロン ……………………… 123
拡張期血圧(最低血圧) …………… 126
過酸化脂質 ………………………… 36
過酸化水素 ………………………… 32

索引

過使用症候群 …………………… 45
カタラーゼ ……………………… 37
活性酸素 ………………………… 31
仮眠 ……………………………… 12
カルシウム ……………………… 20
癌 ………………………………… 35
換気性閾値 ……………………… 65
間欠的運動 ……………………… 79
γ運動ニューロン ……………… 111

き

機械的パワー …………………… 66
技術 ……………………………… 57
基礎代謝量 ……………………… 25
基礎的休止活動周期 …………… 10
気分検査法 ……………………… 42
QOL …………………………… 122
休息時間 ………………………… 79
競技スポーツ …………………… 40
狭心症 …………………………… 124
虚血性心疾患 …………………… 48
拒食症 …………………………… 27
筋グリコーゲン ………………… 91
筋肥大 …………………………… 102
筋紡錘 …………………………… 110
筋ポンプ作用 …………………… 146

く

グリコーゲン ……………… 15, 128
グルコース ……………………… 127
グルタチオン …………………… 37
グルタチオンペルオキシダーゼ … 37
クレアチンリン酸 ……………… 128
グレーディング ………………… 107

け

軽運動 …………………………… 154

血中乳酸蓄積開始点 …………… 65
血中乳酸レベル ………………… 89
血糖値 …………………………… 127
腱紡錘 …………………………… 110

こ

甲状腺ホルモン ………………… 131
高比重リポ蛋白 ………………… 123
骨格筋線維 ……………………… 111
骨芽細胞 ………………………… 129
骨密度 …………………………… 129
骨量 ……………………………… 129
骨量減少速度 …………………… 129
ゴルジ器官 ……………………… 110
コレステロール …………… 26, 122
混合運動 ………………………… 146
コンセントリックトレーニング … 97
コンディショニング …………… 151

さ

サーカディアンリズム ………… 3
サーキットトレーニング ……… 102
サイクリング …………………… 157
最大酸素摂取量 …………… 41, 62
最大酸素負債量 ………………… 65
最大心拍数 ……………………… 42
最大努力 ………………………… 59
細胞増殖型肥満 ………………… 22
細胞肥大型肥満 ………………… 22
三重項酸素 ……………………… 32
酸素需要量 ……………………… 61
酸素摂取量 ……………………… 60
酸素負債 ………………………… 60
酸素不足 …………………… 60, 86

し

視覚 ……………………………… 109

索　引

自覚的運動強度（RPE）	149
持久性トレーニング	65
時差ボケ	8
脂質	17
思春期	132
持続トレーニング	80
至適血圧	126
脂肪酸	123
自由継続周期	4
収縮期血圧（最高血圧）	126
自由度	143
主運動	154
主観的運動強度（RPE）	77, 126
熟達	134
踵腓靭帯	44
受療率	120
準備運動	154
ジョギング	156
除脂肪体重	132
触覚	109
心筋梗塞	124
神経衝撃	110
人口動態統計	120
心臓の強化	85
身体密度	132
伸張性収縮	98
身長発育速度ピーク年齢（PHV）	132
心拍出量	85
心拍数	55
心不全	48

す

随意的能力	106
随意動作	134
水泳・水中運動	157
錐外筋線維	111
錐体外路	111
錐体路	111
水中体重秤量法	24

錐内筋線維	111
睡眠サイクル	6
睡眠障害	6
スーパーオキシド	32
スーパーオキシドジスムターゼ（SOD）	36
スキャモンの発育型	130
スキル	105
スキルのこつ	114
スキルの練習	113
ストレッチング	157
スピードトレーニング	94
スポーツ外傷	43
スポーツ障害	43
スポーツトレーニング	74

せ，そ

生活習慣病	26
生活習慣要因	119
成熟	138
正常高値	126
成人型糖尿病	16
生体膜障害	34
成長	138
成長ホルモン	131
整理運動	155
前距腓靭帯	44
前十字靭帯	44
相対的運動強度	148
速筋線維	95

た

第一発育急進期	131
体脂肪率	23, 132
退縮	138
体組成	23
体調チェック	153
第二発育急進期	131

163

索　引

タイミング …………………………… 107
体力 …………………………… 57, 69
体力テスト …………………………… 70
短縮性収縮 …………………………… 98
男性ホルモン ………………………… 131
タンパク質 …………………………… 16

ち

遅筋線維 ……………………………… 95
中性脂肪 …………………………… 122
聴覚 ………………………………… 109
超低比重リポ蛋白 ………………… 123
頂点位相 ……………………………… 4

つ, て

使いすぎ症候群 ……………………… 45

低栄養 ………………………………… 28
定常運動 …………………………… 146
低比重リポ蛋白 …………………… 123
溺死 …………………………………… 49
鉄 ……………………………………… 20

と

糖質 …………………………………… 14
動脈硬化 …………………………… 123
ドコサヘキサエン酸(DHA) ………… 18
突然死 ………………………………… 48
トレーニング ………………………… 68
トレーニング効果 …………………… 72
トレーニング処方の条件 …………… 75
トレーニングの原則 ………………… 71

な, に

内臓脂肪量 …………………………… 30
内反捻挫 ……………………………… 44

二次性高血圧 ……………………… 126
二次予防 …………………………… 120
日本食品標準成分表 ………………… 13
乳酸 …………………………………… 63
乳酸性閾値 …………………………… 65
乳酸性の反応 ………………………… 58
ニューロン ………………………… 107
尿酸 …………………………………… 37

ね, の

熱痙攣 ………………………………… 47
熱射病 ………………………………… 47
熱中症 ………………………………… 47
熱疲労 ………………………………… 47
眠気 …………………………………… 11
捻挫 …………………………………… 44

ノルアドレナリン ………………… 128
NREM 睡眠 …………………………… 5

は

％最大酸素摂取量 ………………… 148
％予備心拍数 ……………………… 148
パチニ小体 ………………………… 110
発育曲線 …………………………… 131
発育速度 …………………………… 131
発汗 …………………………………… 46
白血球 ………………………………… 33

ひ

BMI …………………………………… 23
ピークパフォーマンス …………… 136
皮下脂肪量 …………………………… 30
ビタミン ……………………………… 18
ビタミン E …………………………… 37
ビタミン C …………………………… 37
必須アミノ酸 ………………………… 16

索　引

非同期症候群 …………………………… 8
ヒドロキシルラジカル ………………… 32
非乳酸性の反応 ………………………… 58
肥満 ……………………………………… 22

ふ，へ

ファルトレクトレーニング …………… 80
フクロウ症候群 ………………………… 7
不随意的能力 …………………………… 106
ブドウ糖 ………………………………… 15
不飽和脂肪酸 …………………………… 17
プライオメトリックトレーニング …… 99

閉経 ……………………………………… 129
平衡感覚 ………………………………… 109
β-カロチン …………………………… 38

ほ

飽和脂肪酸 ……………………………… 17
ポジショニング ………………………… 107
歩幅 ……………………………………… 155
ホメオスタシス ………………………… 138
ホロースプリント ……………………… 94
本態性高血圧 …………………………… 126

み，む

ミオグロビン …………………………… 87
ミトコンドリア ………………………… 87
ミネラル ………………………………… 19

無機質 …………………………………… 19
無酸素運動 ……………………………… 145
無酸素性機構 …………………………… 58
無酸素性作業閾値 ………………… 63, 125

無酸素能力 ……………………………… 65

め，も

メカニカルストレス …………………… 129
METs(メッツ) ………………………… 150

毛細血管数の増加 ……………………… 91

ゆ

有効限界 ………………………………… 143
有酸素運動 ………………………… 41, 145
有酸素性機構 …………………………… 58
遊離脂肪酸 ……………………………… 29

ら，り

RICE 処置 ……………………………… 45
卵胞ホルモン …………………………… 131

リポ蛋白 ………………………………… 123
リポ蛋白リパーゼ ……………………… 123
リポフスチン …………………………… 36

れ，ろ

冷覚 ……………………………………… 109
レクリエーショナルスポーツ ………… 40
レジスタンストレーニング ……… 94, 159
レシチンコレステロールアシルトランスフェ
　ラーゼ(LCAT) ……………………… 123
レペティショントレーニング ………… 91
REM 睡眠 ……………………………… 5
連続的運動 ……………………………… 79

老化 ……………………………………… 35

健康スポーツ科学	定価はカバーに表示してあります.

2000年8月25日　1版1刷　発行
2017年9月11日　1版8刷　発行

ISBN978-4-7655-0235-1 C3075

著　者	黒川隆志・山﨑昌廣 綱分憲明・村木里志
発行者	長　　滋　彦
発行所	技報堂出版株式会社

〒101-0051 東京都千代田区神田神保町 1-2-5
電　話　営業　　(03) (5217) 0885
　　　　編集　　(03) (5217) 0881
　　　　FAX　　 (03) (5217) 0886
振替口座　00140-4-10
http://gihodobooks.jp/

日本書籍出版協会会員
自然科学書協会会員
土木・建築書協会会員

Printed in Japan

Ⓒ Takashi Kurokawa, Masahiro Yamasaki, Noriaki Tunawake and Satoshi Muraki, 2000

装幀　海保　透　　印刷・製本　デジタルパブリッシングサービス

落丁・乱丁はお取替えいたします.

本書の無断複写は，著作権法上での例外を除き，禁じられています．